Heinrich Friedrich Wilhelm Husemann

Aus meinem Leben

Verlag Uhle & Kleimann

© 1982. Verlag Uhle & Kleimann oHG, Postfach 11 47, D-4990 Lübbecke 1
Alle Rechte, auch die des auszugsweisen Nachdrucks, der fotomechanischen Wiedergabe und der Übersetzung, vorbehalten.
Printed in Germany.
ISBN 3-922657-26-5

Herausgegeben von Manfred Grabs
mit Einverständnis der Gebrüder Husemann

Diese Lebenserinnerungen erschienen
erstmalig 1935
im Selbstverlag

Heinrich Friedrich Wilhelm Husemann
geboren am 9. Februar 1856 in Gehlenbeck
gestorben am 30. März 1946 in Holzhausen
Pfarrer in Blasheim 1884—1929

Zur Neuauflage dieser Schrift

Pfarrer Heinrich Friedrich Wilhelm Husemann war mein Vor-Vorgänger im Pfarramt in Blasheim. Bei vielen Begegnungen mit Menschen in dieser Gemeinde wird der Name Husemann noch heute ehrfurchtsvoll und mit Achtung genannt. Das ist erstaunlich, weil seit seiner Pensionierung im Jahr 1929 nun schon mehr als 50 Jahre vergangen sind.

Aus der Gemeindetradition stellt sich Pfarrer Husemann für mich dar als ein treuer Verkündiger des Evangeliums, als guter Organisator von Gemeindegruppen und -kreisen, sowie als ein sehr aktiver Mann in Bauangelegenheiten. Ich denke an die Kirchenerweiterung im Jahr 1910, ferner an den Gemeindehausbau und Pfarrhausbau. Dieser Gemeindepfarrer, verwurzelt in der Tradition der Minden-Ravensberger Erweckungsbewegung, ist in Erinnerung geblieben als treuer Besucher in allen Häusern der Gemeinde und als Kreisschulinspektor.

Seine politischen Ansichten sind für mich wie eine Momentaufnahme aus dem ersten Drittel dieses Jahrhunderts. Diese Ansichten sehen wir Menschen der heutigen Zeit natürlich aus einem anderen Blickwinkel und deshalb mit Distanz.

Wer seine Lebensmemoiren schreibt, sucht naturgemäß das aus, was ihm wichtig erscheint und woran er sich gern erinnert. Ich vermute, daß Husemann die Gabe hatte, schlechte Erfahrungen schnell zu vergessen, oder sie aus Taktgefühl weggelassen hat. Denn Ärger in der Gemeinde hat es auch schon vor 80 Jahren gegeben, in einer Zeit also, die wir wohl fälschlich „die gute alte" nennen. So fand ich z. B. einmal Unterlagen in Gemeindeakten, wo schon vor 1900 Blasheimer Gemeindeglieder meinem Vorgänger eine Repräsentantenwahl angefochten haben. („Repräsentanten", das war so etwas Ähnliches wie ein Presbyterium mit Gemeindebeirat.) In unserer Zeit würde solch eine Wahlanfechtung einen riesigen Staub aufwirbeln. Pfarrer Husemann aber hat es ohne seelische Verrenkungen überstanden. Ich sehe in ihm eine starke Persönlichkeit. Seine Arbeit und sein Leben sind heute noch in der Gemeinde Blasheim lebendig.

Den Angehörigen danke ich für das Einverständnis, diese Schrift herausgeben zu dürfen.

Manfred Grabs, *Pfarrer*

Blasheim, im Oktober 1982

1. Mein Elternhaus

Wenn es für einen Baum oder eine Pflanze von Wichtigkeit ist, auf welchem Boden sie wachsen, so ist es für einen Menschen noch viel wichtiger, was für eine Verwandtschaft er hat. Neben meinem Pulte hängt ein Bild. Es stellt zwei Männer dar und eine Frau: meinen Großvater mütterlicherseits, meinen Vater und meine Mutter. Vor dieses Bild stelle ich mich oft und danke Gott, daß er mir diese drei gegeben hat.

Ich freue mich heute noch, daß ich in meiner Jugend einen Gewaltstreich gemacht habe, dieses Bild zu bekommen. Mein Vater macht auf dem Bilde einen kränklichen Eindruck. Er war krank, und ich hatte kein Bild, weder von ihm noch von Mutter und Großvater. Da beauftragte ich einen Photographen in Lübbecke, mit seinem Apparat hinzugehen und die drei auf die Platte zu bringen. Mein Vater hatte wohl scherzweise von einem Manne erzählt, der gemeint hatte, es tauge nicht, daß man sich bei Lebzeiten aufhängen ließe, im Bilde nämlich. Aber jetzt willigte er doch ein, sich für das Bild anzuziehen. Mein Großvater weigerte sich lange, bis er endlich auch nachgab. Nun ist das Bild über 50 Jahre alt, und ich freue mich immer wieder, daß ich's habe und mir die Gesichtszüge der drei vergegenwärtigen kann.

Mein Großvater ist 1799 geboren. Seine früheste Jugend fiel in die Zeit, während die Franzosen unsere Herren waren: 1806—1813. Durch Gehlenbeck, meinen Geburtsort, ging damals die Heeresstraße von Osnabrück nach Minden, welche z. T. von den Franzosen gebaut ist. Franzosen im Quartier war ein häufiges Ereignis. Daß ein Bauer 50 Franzosen in Quartier hatte, natürlich mit Verpflegung, war nichts Ungewöhnliches. Ich erinnere mich eines Gespräches, das mein Großvater mit einem alten Mann hatte, der damals auf unserem Hof gedient hatte. „Junge, weeßt nau woll", sagte er, und dann erzählte er, wie sie beim Pflügen unten im Felde Franzosen hätten kommen sehen, welche Vorspann für ihre Wagen oder Kanonen suchten. Schnell wurden die Pferde abgesträngt und fort ging es in die Wiesen, so daß die Franzosen das Nachsehen hatten. Mein Großvater erzählte, daß die Franzosen einmal von dem Hof Nr. 2, einem der größten, vier Pferde, lauter Füchse, geholt hätten. An Bezahlen dachten sie natürlich nicht. Der Hof ist zu Grunde gegangen. Ein anderer Bauer, dessen Hof geblieben ist, mußte mit seinem Wagen und zwei Pferden den Franzosen folgen. Sie nahmen ihn mit bis Magdeburg. Dann konnte er nach Hause gehen, aber Pferde und Wagen brachte er nicht wieder mit.

Was die drei auf dem Bilde anhaben, ist fast alles selbst gesponnen und selbst gewebt, im Dorf gefärbt und im Hause genäht. Etwas anderes trug man damals nicht, außer bei Abendmahlsfeiern und besonderen Gelegenheiten. In meiner Jugend gingen die Jünglinge und jungen Männer zu Wollstoffen über, welche aber nur bei Anschaffung eines Rockes gekauft wurden.

Auf dem Bilde trägt der Großvater Kniehosen, mein Vater nicht mehr. So schied sich damals das Alter und die Jugend. Nur einige alte Männer trugen in meiner Jugend noch Kniehosen. Mit ihrem Tode verschwanden sie. Und während der letzten Regierungszeit Wilhelms II. wurde die Kniehose als Hoftracht der Zivilisten wieder eingeführt. Die Welt ist rund und mit ihr dreht sich auch die Mode. Salomo hat recht: Es gibt nichts Neues unter der Sonne.

Großvater war ein Bücherfreund. Eine ansehnliche Bücherzahl habe ich von ihm geerbt, in der besonders Luther, Scriver, Goßner, Baxter und Nieger vertreten sind. In den meisten Büchern steht auf dem inneren Umschlage: „Zu haben bei Aug. Schober in Herford"; von wo er sie holte.

Wir hatten einen Heuerling, der ebenso gern las wie Großvater, aber für Bücher kein Geld hatte. Einen Standesunterschied gab es für beide nicht. Bauer und Heuerling duzten sich auch sonst allgemein. Wenn nun ein neues Buch angeschafft war, wurde der Heuerling eingeladen, nach dem Abendessen zu kommen. Dann saßen die beiden zusammen und redeten über das Gelesene.

Großvater hatte in seiner Jugend das Evangelium nicht kennengelernt. Der Pastor hielt es für seine Aufgabe, Aufklärung zu verbreiten. Die gläubigen Pastoren waren damals noch dünn gesät. Volkening in Schnathorst wurde auch von Gehlenbeckern fleißig gehört. Ihn auch später predigen zu hören, scheute Großvater keinen Weg. Er besuchte ihn und auch Lortzing in Dankersen.

Er hat in seinem langen Leben — er war über 86 Jahre alt — nur zwei Tuchröcke gehabt. Den ersten bekam er, als er heiratete, und den zweiten, als er für sein Dorf zum Oberpräsidenten mußte.

Mein Großvater hat sich um die Gemeinde in mancher Hinsicht verdient gemacht. Erstlich hat er dazu geholfen, daß der damalige Pastor abgesetzt wurde. Dieser führte einen so anstößigen Lebenswandel, daß die Gemeinde darüber empört war. Von seiner Frau ließ er sich scheiden und heiratete seine Magd, die Tochter des Schweinehirten. Ehe es soweit war, taten sich mehrere Jünglinge zusammen, machten sich unkenntlich und brachten das Mädchen bei Nacht und Nebel über den Berg. Aber der Pastor erreichte seinen Zweck und wurde 1825 in Blasheim von dem dortigen Pastor getraut. Mein Großvater ging mit einem anderen Bauern nach Minden und verklagte seinen Pastor bei dem Regierungspräsidenten; dieser war damals der höchste Vorgesetzte der Pastoren nächst dem Könige, denn ein Konsistorium gab es noch nicht. Die kirchlichen Angelegenheiten wurden von einer Abteilung der Regierung besorgt. Der Regierungspräsident nahm die Anklage zu Protokoll und ließ die beiden unterschreiben. Dann sagte er: „Wenn das wahr ist, was da von euerm Pastor geschrieben steht, dann geht's ihm schlecht; wenn es aber nicht wahr ist, dann geht es euch schlecht". Damit waren sie entlassen. Als sie die Tür hinter sich hatten, sagte der Andere zu meinem Großvater: „Ich strieke minen Namen wier düer". „Nu kumm man", antwortete mein Großvater, „et es to late". Jetzt kam der Stein ins Rollen, und die Folge war, daß der Pastor abgesetzt wurde. Er blieb aber im Dorfe wohnen, ging jeden Sonntag in die Kirche, wo er nahe bei der Kanzel saß. Erst als sein Nachfolger einmal sehr deutlich wurde, kam er nicht wieder. Später zog seine geschiedene Frau wieder zu ihm, obgleich er sich von der zweiten nicht getrennt hatte. Nach seinem Tode heiratete die zweite Frau wieder und lebte solange, daß ich sie noch gut gekannt habe.

Ein weiteres Verdienst, das sich mein Großvater um die Gemeinde erworben hat, bestand in der Leitung der „Versammlung". So nannte man die Vereinigung solcher, die mit Ernst Christen sein wollten und sich nach dem Sonntagsgottesdienst in den Häusern zur Erbauung versammelten. In unserem Dorfe gab es zwei Versammlungen, deren eine von meinem Großvater geleitet wurde. Wenn die Versammlung in unserem Hause war, mußten wir Kinder daran teilnehmen. Wir taten das wohl nicht gern, aber heute bin ich noch dankbar für das, was ich dort erlebt habe. Zuerst wurde ein Lied gesungen und knieend gebetet. Das Gebet sprach der Leiter. Nach abermaligem Gesang las er eine Predigt vor, sei es von Rieger, Hofacker, Harms oder Luther. Wenn Großvater Luthers Postille nahm, ein dickes Buch, welches ich noch besitze, war ich nicht gerade erfreut, weil diese Predigten sehr lang sind. Gehalten hat Luther sie auch nicht, sondern geschrieben, und zwar auf der Wartburg. Dann forderte der Leiter einen Mann in der Versammlung auf zu beten. Bei solcher Gelegenheit habe ich auch meinen Vater beten hören und einen Blick in sein Herz getan. Die Gebete waren plattdeutsch, und das war in der Ordnung. Es ist doch wahr, was M. v. Schenkendorf sagt:

> „Soll ich beten, danken,
> geb' ich meine Liebe kund,
> meine seligsten Gedanken,
> sprech' ich wie der Mutter Mund."

Nur ein Mann betete hochdeutsch. Als ich später von der deutschen Sprache etwas verstand, war das Anhören der Gebete dieses Mannes keine Freude mehr für mich.

Nachher blieben die Teilnehmer noch eine Weile beieinander. Sie sprachen über die neuesten Ereignisse aus der Mission. Ich erinnere mich, den Namen Jonker Afrikaner gehört zu haben, der ein Hottentotten-Häuptling war und den Missionaren viel zu schaffen machte. Nie habe ich gehört, daß eine Frau den Mund auftat.

Einmal habe ich an einer Versammlung in dem Hause meines Onkels in Nettelstedt teilgenommen. Die Stube konnte die Zuhörer nicht fassen. Der Leiter war ein Schuster, der in seinem Ansehen gleich nach dem Pastor kam. Er las aber nicht vor, sondern legte den Text selber aus. Er konnte auch dichten wie sein bekannter Handwerksgenosse, Hans Sachs aus Nürnberg. Aber obgleich er einen ganzen Band Gedichte geschrieben hat, sind sie glücklicherweise nicht gedruckt.

Es kam leider vor, daß ein Mitglied der Versammlung ein schweres Ärgernis gab. Infolgedessen wurden seine bisherigen Gesinnungsgenossen auf dem Wege zur Versammlung öffentlich verhöhnt. Die Versammlungen blieben aber in Übung, bis ein Pastor kam, der Bibelstunden hielt; da hörten sie auf.

Ein Haupterwerbszweig war damals auf dem Dorf das Spinnen. Es spann alles von den Kindern bis zu den Greisen. Arbeitslosigkeit gab es nicht. Das Garn wurde verwebt oder verkauft. Mein Großvater richtete eine Spinnschule ein, in der auf besonders kleinen Spinnrädern möglichst feines Garn gesponnen wurde. Er selbst hat es fertiggebracht, so fein zu spinnen, daß ein ganzes Stück in eine Walnußschale ging.

Das einzige, was manche Kinder von ihrem Vater erben, ist der Name. Wenn der Name ein guter ist, bedeutet das Erbe einen großen Schatz. Paul Gerhardt hinterließ seinem Sohne nichts als Bücher und einen guten Namen. Den Namen habe ich von meinem Vater nicht geerbt, sondern von meiner Mutter. Trotzdem bin ich nicht mit einem falschen Namen durchs Land gegangen. Weil Mutter den Hof erbte, nahm mein Vater den Namen des Hauses an, wie es in unserer näheren Heimat seit Jahrhunderten Sitte war. Diese Sitte hat einen guten Sinn, weil die Menschen wechseln, der Hof aber bleibt. In dem Kirchenbuch von Blasheim habe ich gefunden, daß viele Höfe seit Jahrhunderten Besitzer desselben Namens gehabt haben. Erst durch das Standesamt ist diese Sitte abgekommen, aber nicht ganz. Auf meines Bruders und meinen Antrag genehmigte der Regierungspräsident, daß wir den Namen der Mutter behielten.

An meine Eltern habe ich nur gute Erinnerungen. Wenn ich mir ihr Bild vergegenwärtige, entdecke ich an ihm keinen Flecken. Sie mögen Flecken gehabt haben, aber ich habe sie nicht gesehen.

Von ihnen habe ich gelernt, was es heißt: christlich leben. Von ihnen habe ich gelernt, was es heißt: seine Seligkeit schaffen, den Feiertag heiligen, Gottes Wort gerne hören und lernen. Darum danke ich Gott immer wieder für meine Eltern, obgleich sie längst verwest sind.

Mein Vater war ein stattlicher Mann. Er hatte bei den Fünfzehnern in Minden gedient. Jeder Rekrut dieses Regiments bekam von dem Ehren-Chef desselben, dem Prinzen Heinrich der Niederlande, ein Neues Testament. Er erzählte von den Inspizierungen des Regiments durch den alten Wrangel. Dieser ritt dabei den Rappen des Obersten, der zuletzt aussah wie ein Schimmel. Für die Soldaten war Befehl, das Haar kurz zu tragen. Der Feldwebel hatte sich aber das Haar über der Stirn wachsen lassen und in einen Knäuel zusammengedreht. Wrangel ließ den Helm abnehmen und ritt die Front entlang. Da entdeckte er bei dem Feldwebel den Haarbüschel, zog ihn lang und ließ ihn herunterhängen. Das wird die ganze Strafe des Feldwebels wohl nicht gewesen sein.

Einmal hat mein Vater als Landwehrmann eine Mobilmachung erlebt. Er sagte, es habe sich dabei um Belgien gehandelt. Wie mangelhaft damals unsere Heeresverfassung war, geht daraus hervor, daß für die eingezogenen Soldaten nicht genug Uniformen vorhanden waren. Jeder hatte nur ein Stück der Uniform, um als Soldat kenntlich zu sein: der eine Hose, der andere einen Rock, der dritte eine Mütze, so daß sie sich selber lächerlich vorkamen. Daran sieht man, wie nötig die Verbesserung des Heeres war, die der König Wilhelm gleich nach seinem Regierungs-Antritt vornahm, und die soviel Kampf gekostet hat.

Mein Vater hat keinen leichten Lebensweg gehabt. Mein Großvater behielt die Verwaltung des Hofes solange in der Hand, bis mein Vater, der nur fünfzehn Jahre jünger war, selbst alt geworden war. Bis dahin war er nicht selbständig, obgleich er den Acker allein in der Hand hatte. Dennoch habe ich nie ein hartes oder bitteres Wort gegen den Großvater oder über ihn aus seinem Munde gehört.

Am liebsten war er bei seinen Pferden, und als ich alt genug war, habe ich ihm dabei Gesellschaft geleistet. Weil wir mit drei Pferden pflügten, konnte ein Helfer dabei nicht entbehrt werden.

Mein Vater war ein frommer Mann, der seinen Platz in der Kirche nur leer ließ, wenn sein Kochsonntag war; denn kochen mußten bei uns alle, außer dem Großvater und mir, damit die Frauen ebenso oft in die Kirche gehen konnten wie die Männer. Darum gab es auch jeden Sonntag dasselbe einfache Mittagessen, welches von Mutter soweit vorbereitet wurde, daß der Koch weiter nichts zu tun hatte, als feuern und umrühren.

Vater nahm mich früh mit zur Kirche, obgleich ich von der Predigt nichts hatte und sehnlich auf das Amen wartete. Als eine lutherische Bewegung durch unsere Gegend ging, entstand in Blasheim und Rödinghausen eine altlutherische Gemeinde. Mein Vater war nicht weit davon, überzutreten. Ich habe ihn oft mit meinem Großvater oder einem anderen über diese Sache reden hören. Glücklicherweise ist er nicht übergetreten. In seiner Liebe zur lutherischen Kirche stimmte er ganz mit meinem Großvater überein. Diese Liebe habe ich von ihm geerbt.

Meine Mutter war so beschaffen, daß sie dem Bilde glich, welches Petrus in seinem ersten Briefe, Kap. 3, 1—6, zeichnet. An ihrem Verhalten gegen den Großvater habe ich gesehen, was es heißt: die Eltern ehren. Großvater behandelte sie zuweilen nicht wie eine Mutter von acht Kindern, sondern, als ob sie noch jung und ledig wäre. Wir waren darüber zuweilen unwillig und meinten, sie sollte sich das nicht gefallen lassen. Aber solche Zumutungen wies sie zurück mit der Bemerkung: „Es ist doch mein Vater". Gottes Wort hatte sie lieb. Besonders gern las sie in dem großen Andachtsbuche von Bogatzky, das zwei dicke Bände umfaßt, in dem Predigtbuche von Johann Arndt und in den Schriften von Heinrich Müller. Unsere Nachbarn hielten — mit einer Ausnahme — nicht auf gute Nachbarschaft. Zwei habe ich nie in unserem Hause gesehen. Aber ängstlich war meine Mutter beflissen, alles zu meiden, was das nachbarliche Verhältnis stören konnte. Als Pastor S. in Gehlenbeck eine Gastpredigt in Isenstedt hielt, hatte sie gerade ihren Kochsonntag. Sie wußte es aber so einzurichten, daß sie einige Zeit an der Kirchentür lauschen konnte. Als sie merkte, daß der Pastor demütig war, ging sie beruhigt nach Hause, „denn nun wußte ich genug", sagte sie.

Die Missionsfeste der Umgegend besuchten die Eltern fleißig; regelmäßig auch das Jahresfest des Rettungshauses in Pr. Oldendorf, und ich durfte sie begleiten. So kannte Mutter manchen Pastor in Minden-Ravensberg und konnte von diesem oder jenem gelegentlich ein Wort anführen, das sie von seiner Predigt behalten hatte.

Auf einem Oldendorfer Missionsfeste habe ich auch einmal den alten Volkening predigen hören. Ich sehen seine hohe Gestalt noch (kerzengerade) auf der Kanzel. Von dem, was er sagte, habe ich nur behalten, daß er zu den Jöllenbecker Posaunen, die ihn begleitet hatten, sagte: „Posaunen langsamer!"

Einmal fuhr mein Vater uns auf das Bünder Missionsfest. Als wir die Höhe des

Berges erreicht hatten, stieg meine Mutter vom Wagen und ging ein Stück zu Fuß, denn sie war sehr ängstlich und fürchtete, mein Vater würde traben lassen. In diesem Punkte war sie meinem Vater durchaus unähnlich, der gegen Gefahren gleichgültig war. Ich weiß von drei Fällen, in denen er dem Tode nahe war und doch mit einem blauen Auge davon kam. Einmal wurde er wie tot ins Haus getragen; es war aber nur eine Ohnmacht.

Meine Mutter war klein und zart, und doch hat sie Arbeit geleistet, über die ich mich noch jetzt wundere. Wenn die Heuerlinge mit ihren Frauen bei uns arbeiteten, aßen ihre Kinder auch bei uns. Daneben hatte sie noch das Vieh zu besorgen. Dennoch mußte zur Stunde das Essen auf dem Tische stehen. Zwischendurch waren auch noch die vielen Bettler abzufertigen, welche damals das Dorf überschwemmten. Und sie ließ keinen ohne eine Gabe gehen. Eine geplagtere Frau als eine Bäuerin mit vielen unerwachsenen Kindern konnte es kaum geben. Aber am Sonntag ruhte sie und konnte es nicht leiden, wenn einer am Sonntag tat, was er sonnabends hätte tun können, z. B. wenn sich Vater morgens rasierte, was selten vorkam. Wenn am Sonntage die Arbeit der kommenden Woche besprochen wurde, fuhr sie wohl dazwischen mit der Frage: „Sind das Sonntagswerke?" Von der Mutter habe ich gelernt, was Sanftmut ist und wie man Afterreden meidet.

2. Meine erste Jugend

Unser Sonntag. Der Sonntag war bei uns ein wirklicher Feiertag. Er wurde nach dem Worte gefeiert: „Du sollst von deinem Werk lassen ab, daß Gott sein Werk in dir hab". Zu Hause blieb nur, wer kochen mußte, die anderen gingen zur Kirche. Mittags hatten wir fast immer Gäste aus anderen Dörfern der Gemeinde. Denn Isenstedt und Frotheim gehörten damals noch zu Gehlenbeck. Wenn jemand von unseren Verwandten die Christenlehre besuchen wollte, aß er bei uns zu Mittag. Die Christenlehre fiel nie aus und wurde auch von Erwachsenen fleißig besucht. Nach der Christenlehre hatten wir Zeit zum Spielen. Doch sah unsere Mutter es nicht gern, wenn es geräuschvolle Spiele waren, z. B. das Ballspiel, weil ihr das zu der Stille des Sonntags nicht zu passen schien.

In der Sonntagsfrage ist Minden-Ravensberg von der strengen reformierten Weise beeinflußt. Und das ist uns zum Segen gewesen. Ein Volk hat soviel Christentum, sagte Stöcker einmal, wie es Sonntag hat. In neuerer Zeit ist der Sonntag vielfach zum Vergnügungstage geworden; das ist sehr zu beklagen.

Der Schäfer. Während des Frühjahrs, ehe die Schafe draußen lagerten, war es gegen Abend unsere Freude, an der Landstraße zu stehen, die 600 Stück zählende Schafherde an uns vorüberziehen zu lassen und die eigenen Schafe herauszusuchen, um sie in den Stall zu bringen. Weil aber die Schafe dumm sind, merkten sie oft nicht, wo sie sich von der Herde trennen mußten, und wir fanden sie nicht heraus, obgleich jedes Schaf ein Zeichen hatte, an dem der Eigentümer es erkennen konnte. Da mußten wir den alten Schäfer um Hilfe bitten, der jedes Schaf kannte. Ehe er einem suchen half, mußte man eine Flut von Flüchen über sich ergehen lassen. Seine beiden Hunde waren jedem Kinde bekannt, und ihre Namen weiß ich noch: Kornaß und Murrjahn. Nach dem Brande des Dorfes waren sie verschwunden. Seine Brille aber fand der Schäfer unversehrt unter den Trümmern seines Hauses!

Weil die Bauern die Grobheit des alten Schäfers nicht mehr ertragen wollten, wählten sie einen anderen. Bei dem Wechsel mußte ich der Büttel sein, weil mein Großvater gerade Vorsteher war, und das Schäferhorn aus dem Hause des Alten holen, wobei ich seinen Unwillen zu spüren bekam.

Der neue Schäfer machte sich auch bald Feinde, indem er hütete, wo er Weide fand, auch wenn sie für ihn verboten war. Deshalb wählte ein Teil der Bauern den Sohn des Alten zum Schäfer. Nun gab es deren zwei, und die Herde teilte sich. Der zweite, der schon oft für seinen Vater gehütet hatte, schaffte sich ein anderes Horn an, dessen Ton man besser hören konnte. Sein in drei Absätzen geblasenes Signal liegt mir noch in den Ohren. Als er erst fest im Sattel saß, erhöhte er die Gebühren für das Scheren der Schafe. Die Leute beriefen sich darauf, daß sein Vater es doch billiger getan hätte. Darauf sagte er, er ließe sich nicht seine Arbeit, sondern seine Kunst bezahlen.

Dieser Mann hatte gute Gaben und besonders ein vorzügliches Gedächtnis. Eine Predigt behielt er fast wörtlich. Ich erinnere mich, daß er mir von einer Pre-

13

digt erzählte, welche Pastor Braun von Gütersloh seinem Freunde, dem Pastor Emil Möller in Lübbecke, gehalten hatte. Als ich sie nachher gedruckt las, fand ich, daß er sie fast wörtlich wiedergegeben hatte.

Wegen der Schafe wurde in Gehlenbeck sogar geläutet. Das Lagern der Schafe auf dem Acker wurde im Hause des Vorstehers verdungen. Der Verding wurde durch das Läuten der mittleren Glocke bekannt gemacht, welche nur zu diesem Zwecke allein geläutet wurde. Mein Bruder und ich mußten es besorgen, um der Gemeinde Kosten zu ersparen. Dann war unsere Stube voll von Leuten, welche die Schafe auf ihren Acker haben wollten. Für eine Nacht wurden zuweilen etliche Taler bezahlt, solange die Herde noch ungeteilt war. Das war eine gute Einnahme für die Gemeindekasse.

Außer den Schafen wurden auch die Kühe der Heuerlinge und die Schweine des Dorfes gehütet. Weil die Schweine aber noch dümmer sind als die Schafe, mußte dem Schweinehirten, der sogar eine Dienstwohnung hatte, von den Eigentümern jemand helfen. Daher stammte die Redensart: „Wir haben die Schweine nicht zusammen gehütet", was jemand zu einem sagte, der es an dem gebührenden Respekt hatte fehlen lassen. Bei dem Hüten der Schweine war ich einmal so hungrig geworden, daß ich, nach Hause gekommen, gar nicht erst zusah, was in der Schüssel war, sondern schnell aß, um mein Hungergefühl loszuwerden. Nachher merkte ich, daß ich Kumst (= Weißkohl) gegessen hatte, den ich nicht mochte, und der mir nun doch vorzüglich geschmeckt hatte. Von da an mochte ich ihn. Auf unser Mögen oder Nichtmögen wurde von unserer Mutter keine Rücksicht genommen, und das war gut. Kinder müssen essen, was auf den Tisch kommt. Die Rede: „Das mag ich nicht" darf es bei Kindern nicht geben.

Zu Pferde. Auf dem Pferd habe ich schon gesessen, als ich „noch ein Mädchen war", wie ein kleiner Junge sich ausdrückte, als er sagen wollte, als ich noch Kleider trug. Beim Kleeholen, was gewöhnlich gegen Abend geschah, wurde ich mitgenommen und aufs Pferd gesetzt. Da geschah es, daß ich zwischen die Pferde fiel, ohne Schaden zu nehmen. Später ritt ich regelmäßig, wenn wir zum Pflügen aufs Feld zogen oder Feierabend machten. Einmal ritten mein Bruder und ich nach Hause, und ich saß auf dem Pferde, wie Frauen reiten. In der Nähe des Dorfes knallte ein Schuß, weil Hochzeit war. Mein Pferd, sonst faul und träge, setzte sich plötzlich in Trab und ehe ich mich versah, saß ich auf der Straße, wie ich eben auf dem Pferde gesessen hatte. Gern hätte ich das Pferd für meine Schmerzen gestraft, aber einholen konnte ich's nicht. Es war auch unschuldig daran.

Geritten bin ich mein lebenlang gern und habe die Pastoren Schmalenbach und Baumann fast beneidet, welche durch die Gemeinden zu reiten pflegten.

Unsere Spiele. Sie waren ganz anderer Art, als man sie heute hat. Und unser Spielzeug kostete nichts. In meiner ganzen Jugend sind keine zehn Pfennig für mein Spielzeug ausgegeben. Jetzt sieht man Kinder von Leuten, die sich durch ihrer Hände Arbeit nähren müssen, mit Spielzeug hantieren, das nicht unter zwanzig Mark gekostet hat. Unser Spielzeug machten wir selber. Wir schleuderten mit der selbstgemachten Schleuder. Heute sieht man keinen Jungen mehr mit einer Schleuder. In Jerusalem bot mir ein Junge eine Schleuder zum Kauf an, wie ich sie mir in der Jugend selber gemacht hatte. Wir machten uns Schnurkadeln, die man jetzt auch nicht mehr findet. Wir machten uns Wasserspritzen, die es jetzt auch nicht mehr gibt, und Ballerbüchsen, die dauerhafter waren, als sie heute verkauft werden. Ein niedliches Spielzeug wurde aus einer Haselnußschale, einem Zwirnsfaden, einem Stöckchen und einer Kartoffel gemacht. Es hieß Spinnrädken. Die Bälle, mit denen wir spielten, waren aus Wolle und Lumpen gemacht und von einer Schwester umstrickt. Wenn ich in die Spielstube von Kindern komme, deren Eltern in guten Verhältnissen leben, dann wundere ich mich über die Menge der Spielsachen und bedaure die Kinder, deren Geist durch das Spiel so wenig gefördert wird. Ein Kind hat natürlich an den Spielsachen die meiste Freude, welche es sich selbst verdankt. Dadurch wird der Geist des Kindes auch viel mehr angeregt, als wenn ihm das fertige Ding in die Hand gegeben wird. Auch meine Schwestern haben keine einzige Puppe geschenkt bekommen. Die selbstgemachten hatten sie ebenso lieb. Für die Kinder wäre es in mancher Hinsicht ein Gewinn, wenn man die Herstellung von Spielsachen verbieten könnte. Aber um die vielen Tausend Menschen, welche dadurch ihr Brot verlören, wäre es schade. In Thüringen hat es die Bevölkerung jetzt schon erfahren, daß an Spielsachen gespart wird; denn dort werden die meisten gemacht, und die Armut ist dort sehr groß.

Bei der Verhandlung des Reichstages über eine Kriegsanleihe sagte der Minister Helfferich, wir müßten nach dem Kriege unsere Lebenshaltung um dreißig Jahre zurückstellen; und dabei nahm er an, daß wir Sieger bleiben würden! Jetzt müßte er mindestens fünfzig Jahre nehmen. Die stilliegenden Fabriken und Bergwerke mahnen uns täglich daran.

Auch unsere Winter-Vergnügen waren sehr bescheiden. Schlittschuhe kannten wir wohl, aber bis zu dem Wunsche, sie zu besitzen, verstiegen wir uns nicht. Wir sahen die Pastoren- und Lehrerkinder ohne Neid Schlittschuh laufen und waren zufrieden, wenn wir auf dem Eise hinrutschen konnten, was wir „schurren" nannten. Einen Kinderschlitten habe ich nie gesehen. Und heute gibt es wenig Kinder, die keinen Rodelschlitten haben. Damals gab es auch keine Beinbrüche und andere Verletzungen auf der Rodelbahn.

Die glücklichste Jahreszeit fing für uns an, wenn die erste Heuernte vorüber war. Nun wurden die Kühe gehütet. Weil die Wiesen mit Gräben umgeben waren, konnten wir die Kühe sich selbst überlassen und uns vergnügen. An Abwechslung fehlte es uns nicht. Bald ritten wir auf einem Rinde, welches erst daran gewöhnt werden mußte, bald badeten wir oder spielten Karussel. Wir umsteckten einen Kreis mit Sträuchern und liefen dann drum herum. So bequem wie auf einem Karussell war das freilich nicht, aber dafür kostete es auch nichts, und wir liefen nur solange, wie wir Lust hatten. Wir machten zusammen Feierabend und trieben die Kühe in einem großen Haufen nach Hause, wobei wir uns auch von einem Rinde tragen ließen und manches Lied sangen. Der Heimweg dauerte etwa eine halbe Stunde. Wenn der zweite Heuschnitt zu Ende war, trat das sog. „Freihüten" ein, d. h. wir konnten unsere Kühe überall weiden lassen und waren noch ungebundener. Feuer wurden angezündet, Kartoffeln gebraten und andere Kurzweil getrieben. Während der Ferien blieben wir den ganzen Tag auf den

Wiesen. Das Mittagessen brachte mit, wer die Milch holte. Die Milch trugen die Mädchen auf dem Kopfe und gingen dabei sicher und schnell ihres Weges. Wenn das Kartoffellaub dürre war, machten wir uns aus Rüben Pfeifen und rauchten. Das Vergnügen war aber so zweifelhafter Natur, daß wir es sehr mäßig genossen. Kühe habe ich auch gehütet, als ich schon Griechisch lernte. Es war in unserem Garten unter den Obstbäumen. Als nun einmal eine Kuh auf verbotenen Wegen ging, legte ich meine griechische Sprachlehre auf die Erde und trieb die Kuh, wohin sie sollte. Derweil kam eine andere und fraß einige Blätter aus dem Buche. Nun mußte ich die fehlenden Blätter abschreiben, und zwar so fein, daß die Seitenzahl des Geschriebenen mit dem Gedruckten stimmte. Die Kuh hat das Griechisch zwar verdaut, es aber nicht gelernt.

In der Schule. Sieben Jahre habe ich die Schule in unserm Dorfe besucht. Das erste Schuljahr ist am deutlichsten in meiner Erinnerung haften geblieben. Die Buchstabier-Methode war damals noch nicht verboten, und so habe ich nach ihr lesen gelernt. Heute gilt die Arbeits-Methode in der Schule, d. h. die Schüler sollen zur Mitarbeit im Unterricht herangezogen werden. Wir hatten zwei Lehrer und drei Klassen, während heute sechs Lehrer in ebensoviel Klassen unterrichten. In der dritten Klasse unterrichteten die beiden Lehrer abwechselnd den einen Tag um den anderen. Wie der zweite Lehrer, der Küster, es machte, weiß ich nicht mehr. Aber der Kantor hatte eine Weise, uns die Namen der Buchstaben beizubringen, die ich heute noch nachmachen könnte. Er schrieb die kleinen Druckbuchstaben so an die Tafel, daß sie einem uns bekannten Gegenstande ähnlich sahen. Bei jedem Buchstaben, den er anschrieb, nannten wir zuerst das Ding, dem er ähnlich ist, und dann den Namen des Buchstabens. Dann stellte der Lehrer die Buchstaben so ziemlich alle an sich selber dar, und wir sagten unsere Erklärung, die sich fast wie eine Art Singsang anhörte. Er stellte z. B. seine beiden Ellenbogen auf das Pult und legte seine Hände zusammen. Sofort riefen wir: „Sieht aus wie'n klein Haus, heißt a". Er beschrieb über seinem Leib einen Halbkreis, und wir erklärten: „Hat'n dickes Leib vor sich hangen, heißt b". Dann neigte er seinen Kopf, und wir riefen: „Läßt'n Kopf hangen, heißt c". Er machte seinen Rücken krumm, und es ertönte: „Hat'n krummen Puckel, heißt d". Er machte das eine Auge zu, und unsere Erklärung hieß: „Kuckt man mit einem Auge, heißt e". Er brachte sein Haar in Unordnung, und wir sagten: „Hat sich die Haar nicht gekämmt, heißt k". Man mag zu dieser Methode sagen, was man will, jedenfalls trug sie dazu bei, daß wir das ABC mit Freuden lernten.
In unserer Fibel standen hinten größere Lesestücke. Da habe ich oft gedacht: so weit würde ich es wohl nicht bringen, das alles lesen zu können. Ähnlich habe ich nachher öfter gedacht. Als ich auf dem Gymnasium war und noch soviel Klassen vor mir hatte, wagte ich nicht zu hoffen, daß ich die Abgangs-Prüfung je bestehen würde. Als ich meine ersten Predigten gehalten hatte, meinte ich, mit meiner Wissenschaft am Ende zu sein, und es schien mir unmöglich, jeden Sonntag eine Predigt zu halten. Es ist immerhin besser, von seiner Kraft gering zu denken, als sie zu überschätzen.
Die zweite Klasse unterrichtete der Küster. Er war strenger, als der Kantor, und zuweilen grob. Wenn er den Stock gebrauchte, schlug er nicht sachte. Einmal mußte ich während seiner Abwesenheit auf seinem Stuhle sitzen und die Klasse

in Ordnung halten. Die Namen der Ruhestörer sollte ich an die Tafel schreiben. Ich ließ mich aber von den Missetätern bestechen, und die Tafel blieb leer. Einmal sagte er zu mir, ich sollte später einmal seinen Platz einnehmen. Kantor und Küster vertrugen sich, aber Freunde waren sie nicht. Einmal wollte der Küster einen Schüler der ersten Klasse während der Pause züchtigen. Der Junge hatte sich unter der Bank auf den Boden gelegt, und der Küster versuchte, ihn hervorzuziehen. Da kam der Kantor und sagte zum Küster, er möge die Bestrafung ihm überlassen. Der Küster aber wollte sie selbst vollziehen und sagte: In dem Jungen stecken zehn Teufel. Der Kantor versuchte, ihn mit leichtem Zwang aus der Klasse hinauszuschieben. Dabei stieß der Küster einen Fluch aus und machte sich von dem Kantor los, wobei er einen Zipfel seines Rockes in dessen Hand ließ. Wir standen bereit, dem Kantor zu helfen, wenn es zu Tätlichkeiten kommen sollte!

In das Küsterhaus kam ich des Jahres einmal, um die Pflichtwurst hinzubringen, welche meine Mutter immer besonders gut machte. Sie mußte eine Elle lang sein. Als Botenlohn bekam ich von der Frau einige Weihnachtsplätzchen; für mich ein ungewohnter Genuß, denn so etwas gab es zu Hause nicht.

Neben Würsten und Eiern bekam die „Geistlichkeit", zu der auch die Lehrer gerechnet wurden, von einigen Besitzern auch ein Brot. Weil dessen Größe und Schwere nicht angegeben war, so machte auch wohl je und dann einer das Brot so klein, wie möglich, denn jeder buk noch selber. Ein solches Brot hatte ein Bauer dem Küster geschickt. Dieser schickte es ihm durch Schüler der dritten Klasse zurück. Die posaunten unterwegs aus, wer das Brot geliefert hatte. Das war eine empfindliche Strafe für den Geizigen; aber eine Beschwerde dagegen wäre fruchtlos gewesen. Für Lieferpflichtige und Empfänger war es eine Wohltat, daß diese Lieferungen abgelöst wurden.

Die erste Klasse war von etwa 140 Kindern besucht. Bei einer solchen Zahl war es auch dem tüchtigsten Lehrer nicht möglich, etwas Ordentliches zu leisten. Die Schulzeit war milde. Einmal schoß ein Junge, der zu den Ersten gehörte, während der Stunde mit einer Pistole. Seinen Platz verlor er nicht, sondern bekam eine Tracht Prügel.

Als Entgelt für den Unterricht bekamen die Lehrer das Schulgeld, welches, soviel ich mich erinnere, drei Mark im Jahr betrug. Daß mehr gegeben wurde, wird wohl nicht vorgekommen sein. Aber daß den Lehrern Küchensteuer ins Haus gebracht wurde, haben wir selbst einmal in der Klasse gesehen. Eine Frau, welche Eier im Korbe hatte, kam aus Versehen in die Klasse. Ein Bauer, dessen einziges Kind der Erste war, soll gesagt haben: „Mein Junge soll der Oberste werden, und wenn es mir meine beste Kuh kostet!" Glücklicherweise sind die Lehrer jetzt so gestellt, daß sie mit solchen Extra-Gaben nicht mehr zu rechnen brauchen.

Während meiner Schulzeit wurde das erste Lesebuch eingeführt. Bis dahin war unser Lesebuch die Bibel. Das war zwar ein Mißbrauch derselben, denn dazu ist sie nicht gegeben, aber auf diese Weise lernten wir die Bibel besser kennen, als durch eine wöchentliche Bibellese-Stunde. Ein Lehrbuch für biblische Geschichte hatten wir nicht. Die Geschichten lernten wir ebenfalls aus der Bibel.

Zwei typische Gehlenbecker Bauernhäuser: (oben) Hof Brammeier Nr. 37 und (unten) Hof Bruning Nr. 24. Leider lag kein Bild vom Geburtshaus Pastor Husemanns vor. Heute ist sein Geburtshaus ein moderner landwirtschaftlicher Betrieb.

Ein Rechenbuch hatten wir auch nicht. Wir rechneten nur mit dem kleinen Einmaleins im Kopfe, das wir auswendig lernten, wie man einen Vers lernt. Mehr brauchten wir nicht zu können. Wir hatten nur ein Schreibheft, in dem Schönschreiben geübt wurde. Es blieb in der Klasse. Der Umschlag war farbig und zeigte ein Bild mit einem Reime. Dieser hieß z. B. bei dem griechischen Helden Achilles: „Der tapferste Mann, wer's wissen will, der Griechen Tapferster war Achill". Einen Stundenplan gab es in der Klasse nicht. Ob der Lehrer einen hatte, bezweifelte ich. Wenn wir ein Fach eine Zeitlang getrieben hatten, sagte der Lehrer: „Jetzt wollen wir..." und dann nannte er das Fach, welches dran kommen sollte.

Geschichte und Erdbeschreibung gab es nicht. Eine Wandkarte von Europa hatten wir, aber gebraucht wurde sie nicht. Einmal entfaltete sie der Kantor, damit wir wüßten, wie ein solches Ding aussieht. Ich erinnere mich, daß ich den Namen „Athen" las, aber was das war, ahnte ich nicht. Dann wurde die Karte wieder zusammengerollt „und ward nicht mehr gesehen".

Unser Gedächtnis-Stoff waren biblische Geschichte, der Katechismus, und zwar alle fünf Hauptstücke, Bibelsprüche und Choräle. Das Gedächtnis war das einzige Geistesvermögen, welches in Anspruch genommen wurde. Kurz vor Abgang zur Schule erinnerte man sich daran, daß man „etwas aufhatte". So war unser Wissen sehr stückwerk-artig. Dennoch habe ich in der Schule einen Schatz von Liedern und Sprüchen gesammelt, von dem ich mein Leben lang gezehrt habe. So dürftig der Unterricht auch war, so danke ich darum doch Gott immer wieder dafür, daß ich ihn empfangen habe. Im Singen hatte der Kantor nur eine Regel, die er uns immer wieder einschärfte: „Mund rund". Dabei ging er zuweilen auf den Schulbänken umher, und wir sangen, wie uns der Schnabel gewachsen war.

Den Kreisschulinspektor habe ich nur einmal in unserer Schule gesehen. Ich erinnere mich, daß er etwas an unserem Singen auszusetzen hatte; das ist mir später deshalb aufgefallen, weil er ganz unmusikalisch war.

Was wir in der Schule brauchten, trugen wir in der Hand. Ein Schultornister war ganz unbekannt.

Der Unterricht fiel oft aus; sei es für einzelne, die für den Kantor arbeiten mußten, oder für die Klasse, wenn eine öffentliche Leiche war. Die Leichenfeier dauerte den ganzen Vormittag. Im Sterbehause, am Grabe und in der Kirche wurde eine Rede gehalten, und wir sangen manchen Choral. Wenn der Pastor zu der letzten Rede auf die Kanzel ging, durften wir die Kirche verlassen. Als Bezahlung bekamen wir Bier und einen Stuten; die zu beiden Seiten des Sarges sangen, bekamen anderthalb Stuten. Der Kantor bekam ein Glas Eierbier und einen Teller mit Zwiebäcken. Während der Feier im Hause blieb der Sarg offen. Der Abschied der Verwandten von der Leiche war nicht immer schön.

Die Leichen aus zwei Nachbardörfern mußten wir an bestimmten Punkten abholen. Bis dahin wurden sie von der betreffenden Schule begleitet. Hierfür bekamen wir nichts, als von 10 Uhr an schulfrei. Zuweilen hielt der Leichenzug an dem Treffpunkte still, und wir sangen ein sog. „Gedichtsel", welches für diesen Fall nach einer Gesangbuch-Melodie gedichtet war und dem Kantor besonders bezahlt wurde. Wenn der Pastor die Leiche begleitete, fiel das Gedichtsel fort; warum, weiß ich nicht. Ich habe es einmal später bei einer Feier in einem Nebendorfe gehört, aber es mitzusingen, war mir unmöglich.

Als die Regierung verbot, daß der Unterricht wegen einer Leichenfeier ausgesetzt wurde, fanden diese nachmittags statt und an Stelle des Mittagessens, wie bis dahin, wurde Kaffee gekocht, eine Neuerung, welche allmählich als eine Wohltat empfunden wurde.

Einen Spielplatz hatten wir nicht, da die Schule an dem Kirchhof lag. So spielten wir auf dem Kirchhof, indem wir über die Leichensteine sprangen, wobei wir uns oft weit von der Schule entfernten, so daß der Kantor Mühe hatte, uns nach der einzigen Pause wieder in die Schule zu bekommen.

Schulausflüge kannten wir nicht. Unser einziges Sommervergnügen bestand darin, daß der Kantor eines Vormittags mit uns in den Berg ging, wo wir Bickbeeren pflückten.

Der Schulzwang stand nur auf dem Papiere. Manche Schüler fehlten im Sommer, wenn sie irgendwelche Arbeit hatten, im Winter wegen der rauhen Witterung. Daß jemand Schulstrafe bezahlt hätte, habe ich nie gehört.

Wer mehr lernen wollte, als in der Schule gelehrt wurde, z. B. Tafelrechnen, etwas Deutsch, besuchte die sog. Schreibschule, welche der Kantor abhielt, sowohl an seinen schulfreien Nachmittagen, als wenn er in der dritten Klasse unterrichten mußte, wobei wir auf den hintersten Bänken saßen, welche frei waren. Da der Unterricht den Kantor fast ganz in Anspruch nahm, konnte er sich um uns nicht viel kümmern.

Von der so oft genannten geistlichen Ortsschulaufsicht habe ich in sieben Schuljahren nichts gemerkt. In der Schule habe ich den Ortsschulinspektor nie gesehen.

Wenn ich den heutigen Stand der Volksschule mit dem während meiner Schulzeit vergleiche, dann staune ich über den Fortschritt in jeder Beziehung. Neben der Post und dem Heereswesen hat sich kein Zweig unseres öffentlichen Lebens so gehoben wie die Volksschule.

Unsere Weihnachtsfeier

Sie bestand darin, daß wir am ersten Festtage zweimal und am zweiten einmal in die Kirche gingen. Eine Feier mit einem Weihnachtsbaum fand in der Kirche nicht statt. Eine häusliche Weihnachtsfeier gab es auch nicht, und an einen Weihnachtsbaum dachten wir nicht. Im Pfarrhause und in den Lehrerhäusern, vielleicht auch in etlichen anderen, brannte ein Weihnachtsbaum, sonst ließ man die Bäume im Walde. Gestohlen wurden also auch keine, wie es jetzt wohl vorkommt. Ich kann auch nicht sagen, daß wir den Baum vermißt hätten. Die Eltern bescherten ihren Kindern, und die Kinder den Eltern nichts. Das Einzige, wodurch das Weihnachtsfest ausgezeichnet wurde, war, daß wir zum Kaffee Weißbrot aßen, was an den andern Festen auch geschah. Und das Weißbrot war, wie alles Brot, im eigenen Ofen gebacken.

Die einzige Bescherung, welche es gab, brachten die Paten ihren Patenkindern ins Haus, solange diese noch in die Schule gingen. Und Paten hatte man viele, ich sechs. Ihre Bescherung war sehr einfach: etwas besseres Backwerk, Äpfel und Walnüsse. Das Backwerk wurde besonders geschätzt und solange aufgehoben, um sich an seinem Anblick möglichst lange zu erfreuen. Der Genuß war dann natürlich ein sehr mäßiger.

Als ich in die Lübbecker Schule ging, hörte ich, wieviel die Lübbecker von Weihnachten redeten, und wie sie sich darauf freuten. Da kam mir der Gedanke, auch in unserem Hause etwas Ähnliches zu veranstalten. Die Eltern hatten nichts dagegen, daß ich mit meinem einige Jahre jüngeren Bruder in den Berg ging, um aus unserem Bergteile einen Weihnachtsbaum zu holen.

Einen Baum hatte ich jetzt, der nichts kostete. Aber was daran kommen sollte, mußte ich aus eigenem Vermögen bestreiten. Und das war nicht groß. Ich erinnere mich noch, daß ich für Lichter und anderen Schmuck ganze 25 Pfennige ausgegeben habe. Und das waren noch sog. „leichte" Pfennige, von denen 360 auf einen Taler gingen. Die jetzige Währung hatten wir damals noch nicht; denn es war im Jahre 1869. Wenn ich damit vergleiche, was Weihnachten heute bedeutet, und wenn man sieht, wie die Wochen vor dem Feste, die unruhigsten des ganzen Jahres sind, die kaum noch Zeit zur Sammlung lassen, dann zweifle ich nicht, welcher Zeit ich den Vorzug geben soll, der alten oder der neuen.

Einfach und anspruchslos blieb unsere Weihnachtsfeier während meiner Schul- und Studentenzeit. Damals änderte sich in zehn Jahren weniger als heute in zehn Monaten. Als ich aber Kandidat geworden war, nahm unsere Weihnachtsfeier eine ganz andere Gestalt an. Nach meinem Studium kam ich nämlich in die Brüder- und Rettungs-Anstalt Züllchow bei Stettin, in welcher eine blühende Weihnachts-Industrie getrieben wurde. Besonders in dem Vierteljahre vor Weihnachten wurde manches Paket und manche Kiste auf die Post gebracht. Unsere Postbeamten wurden von der Anstalt besonders beschert, weil wir ihnen soviel Mühe machen mußten. In den letzten Wochen vor Weihnachten kamen die Hauptbeteiligten oft nächtelang nicht ins Bett.

Weihnachts-Krippen in verschiedener Größe und Form wurden in unserer Werkstatt angefertigt, und Weihnachts-Figuren und Baumschmuck in mannigfaltigster Gestalt von uns versandt. Die billigste Krippe mit den kleinsten Figuren kostete einige Mark, die teuerste Krippe mit den größten Figuren an hundert Mark. Unser Versand ging bis nach Südafrika auf englische Missionsstationen und sogar an den russischen Kaiserhof.

Einzig in seiner Art war der bei uns angefertigte Weihnachtsstern, an dessen Strahlen je ein Wachsengel hing. Er drehte sich langsam oder schnell, je nachdem die Wärme des Lichtes klein oder groß war.

Als ich diese Herrlichkeit kennen lernte, stand mein Entschluß fest, daß mein Elternhaus etwas davon abbekommen sollte. So brachte die Post eines Tages eine Weihnachtskiste mit einer Krippe und vielen Figuren unter den Baum und einen Weihnachtsstern an die Spitze des Baumes auf unseren einsamen Hof. Eine solche Weihnachtsfeier hatte man in Gehlenbeck noch nicht gesehen, wie die in unserer Stube. Der sich drehende Stern wurde wie ein Wunder angestaunt, und den Stall mit der heiligen Familie, den Hirten und Schafen usw. sahen sie auch zum ersten Male. Die Stube konnte die Schaulustigen, große und kleine, nicht fassen, und auch der Flur war noch voll.

Solche Briefe hatte ich von Hause noch nicht bekommen. Jetzt war doch mal etwas passiert.

Unser Vorsteher in Züllchow, Gustav Jahn hieß er, war der Meinung, daß die Weihnachts-Industrie unserer Anstalt das Weihnachts-Evangelium den Menschen lieb machen würde.

Welche Freude nun größer war: die meinige oder die der Meinigen und der Gehlenbecker, das will ich dahingestellt sein lassen. Jedenfalls ist es wahr: „Willst du Freude haben, mache anderen Freude!"

Unsere Hausmusik. Die Musik ist eine gute Gabe Gottes. Die beste Musik ist die der menschlichen Stimme. Darum werden wir in der Bibel, besonders in den Psalmen, so oft zum Singen aufgefordert. Das Singen ist die einzige Kunst, welche noch im Himmel geübt wird.

Dort wird nicht mehr gemalt, dort gibt es auch keine Bildhauer mehr. Aber gesungen wird noch, wie wir an verschiedenen Stellen der Offenbarung Johannis lesen, z. B. im 15. Kapitel, wo sie am gläsernen Meer das Lied Mosis singen. Alle Seligen werden nicht bloß Freude an der Musik haben, sondern sie auch selber üben. Es gibt Menschen, die so unmusikalisch sind, daß sie die leichteste Musik nicht singen können. Ob solche an der himmlischen Musik wohl dieselbe Freude haben wie die, welche ohne Musik nicht leben können? Die Gaben werden auch im Himmel verschieden sein, aber ganz Unmusikalische wird es dort wohl nicht geben.

Die beste Musik ist die Hausmusik. Konzerte können nicht alle hören, viele auch nicht bezahlen. Aber die Hausmusik kann man in jedem Hause haben, und sie kostet kein Geld.

In meinem Elternhause wurde viel musiziert. Mein Großvater konnte viel Melodien und lehrte sie uns. Wenn er ein Lied fand, das nicht im Gesangbuche stand, schrieb er sich's ab. Ich habe ein in Leder gebundenes Heft von ihm, in welchem manches Lied steht, von seiner Hand geschrieben. Immer steht auch die Melodie dabei, nach welcher es gesungen wird. Besonders bei Wintertag, wenn die Spinnräder schnurrten, wurde viel gesungen, auch Volkslieder.

Mein Großvater war wohl der erste im Dorfe, der ein Musik-Instrument anschaffte, nämlich eine Handharmonika. Wenn er eine neue Melodie spielen konnte, schrieb er in ein Heft, welche Taste gedrückt und ob das Instrument auseinandergeschoben werden mußte. Dieses Heft benutzten wir anderen dann auch, bis wir es so weit gebracht hatten, daß wir es nicht mehr brauchten.

Eine besondere Freude war es uns, wenn Meier aus Lübbecke kam. Das war ein Mann mit einer großen Harmonika, mit der er auf den Dörfern Musik machte. Er hatte einen Sack bei sich, in dem er Korn sammelte als Bezahlung für sein Spiel. Und Korn gaben die Leute lieber als Geld. Bei uns war er eine Art Hausfreund. Fast jedes Mal mußte er den Düppeler Marsch spielen, zu dem er auch sang. Ich sehe ihn noch in der Stube hin- und herhinken, denn er hatte ein kurzes Bein, und aus seinem Instrumente herausholen, was es hergeben konnte, und singen, was seine Stimme vermochte. Und wir alle hatten unsere helle Freude daran. Die Schüppe voll Korn wurde nicht knapp gemessen und ihm gern gegeben. Die fahrenden Musikanten waren damals noch selten.

Unsere Heuerlinge. Wir hatten deren zwei, und der Bauer konnte sie damals noch nicht entbehren, denn landwirtschaftliche Maschinen gab es noch nicht. Im Winter halfen sie dreschen und Häcksel schneiden und im Sommer und Herbst bei der Ernte. In der Zeit zwischen der Frühjahrsbestellung und der Ernte fanden sie auf dem Hofe keine Arbeit. Dann nahmen sie ihre Sense und gingen nach Holland, wo sie den Bauern das Gras mähten. Wenn sie wiederkamen, brachten sie ein gut Stück Geld mit und ein Brot Käse. Von dem bekamen wir auch unser Teil und aßen ihn, wie man Brot ißt.

Unsere Heuerlinge waren sehr verschieden. Der ältere duzte meinen Großvater, weil sie gleichaltrig waren. Das war allgemein üblich und diente dazu, den Standes-Unterschied zu überbrücken. Er besuchte die „Versammlung", und ich habe ihn oft in derselben beten hören. Er betete, als wenn er den Himmel stürmen wollte. Es tat ordentlich wohl, wenn er das Vaterunser daran schloß, was sich anhörte wie ein stilles, sanftes Säuseln. Es ist mir erinnerlich, daß vor seinen Augen nur wenig Pastoren Gnade fanden. Von einigen sagte er, sie predigten Buße ohne Glauben, von anderen, sie predigten Glauben ohne Buße. Eins konnte ich mit seinem Christentum nicht zusammenreimen, daß er mit dem anderen Heuerling im Unfrieden lebte und nicht so treu war wie der, welcher die Versammlung nicht besuchte. Beim Dreschen auf unserer Deele wechselte er mit starken und schwachen Schlägen, was er auf seiner Deele nicht tat. In seinem Alter wurde er blind. Als ich ihn einmal besuchte, gestand er mir, daß sein Christentum Heuchelei gewesen wäre. In seiner Blindheit waren ihm die Augen aufgegangen. Ich habe ihm die Leichenpredigt gehalten.

Der andere Heuerling hatte bei den Ulanen gedient und den Feldzug in Baden 1849 mitgemacht, durch den Prinz Wilhelm von Preußen, der nachherige Kaiser, die badische Revolution dämpfte. Er erzählte gern, wie er feindliche Kavalleristen mit seiner Lanze aus dem Sattel gehoben hatte. Die Leute, bei denen er im Quartier gelegen, nannten ihn „Herr Ulan". Wenn er ins Quartier ritt, öffneten sie ihm das Hoftor. Er erklärte das für überflüssig und sprengte mit seinem Pferde darüber. Ein Bauer unseres Dorfes, der denselben Feldzug als Artillerist mitmachte, hat mir oft ein wunderbares Erlebnis erzählt, das er bei der Belagerung von Rastatt hatte. Eine feindliche Kanonenkugel, welche am Ende ihrer Kraft war, flog ihm zwischen den Beinen durch und blieb liegen, ohne ihn zu berühren. Ein aufständischer Kanonier schoß in die Mündung unserer Kanonen. Er wurde gefangen genommen und zum Tode verurteilt. Man bot ihm das Leben an, wenn er in unsere Dienste träte. Er sagte aber: „Ich sterbe für die Freiheit und Republik".

Der zweite Heuerling baute sich später ein Haus, in dem ich ihn zuweilen besucht habe. Er steht bei mir in gutem Andenken.

Mein achtes Lebensjahr

Das erste Lebensjahr, in dem mir zum Bewußtsein kam, wie alt ich war, ist das achte gewesen. So lang ist mir kein anderes Jahr vorgekommen wie dieses. Es war, als wenn es kein Ende nähme. Das ist daraus zu erklären, daß ich dieses Jahr mit Bewußtsein erlebt habe. Später hat sich in einem Jahre wohl mehr ereignet, aber das war z. T. schon dagewesen. Je weniger Neues wir erleben, desto kürzer kommt uns diese Zeit vor. So kommt es, daß uns die Zeit im Alter schneller vergeht, weil alles in irgendeiner Form schon dagewesen ist.

Auch das erste geschichtliche Ereignis ist mit meinem achten Lebensjahre verknüpft. Es ist der Krieg von 1864. Von dem Kriege selbst weiß ich aus jener Zeit nichts. Aber als er zu Ende war, wurde ich etwas davon gewahr. Wir bekamen Einquartierung von den heimkehrenden Soldaten. Es war ein Artillerist mit zwei Pferden. Ich habe seinen Namen behalten, weil mir der Haß Eindruck machte, den er gegen seinen Hauptmann hegte. Er sagte: „Wenn der Hauptmann im Wasser liegt, und ich kann ihn mit dem kleinen Finger retten, dann trete ich ihm auf den Kopf". Der Mann kehrte als Sieger heim, aber den Haß hatte er nicht besiegt.

Zwei Jahre darauf erlebte ich mit Bewußtsein den Krieg von 1866. Aus den Gesprächen der Erwachsenen hörte ich, worum es in diesem Kriege ging. Im Gedächtnisse ist mir der Vers eines Spottliedes auf unsere Feinde geblieben, in dem ihre Pläne so geschildert wurden:

    Österreich nahm Schlesien wieder,
    der Sachs, was einst er verlor,
    der Welfe, gleich mächtig, wie bieder,
    sich unser Westfalen erkor.

An drei Seiten waren wir von Hannover umklammert, und wenn unsere Feinde gesiegt hätten, wären wir hannoversch geworden. Schon vor dem Kriege merkten wir, daß etwas Wichtiges in der Luft lag, denn es war wieder eine Staffette, ein reitender Postillion, von Minden durchs Dorf gekommen. Einen Telegrafen hatte Lübbecke damals noch nicht. Es ist mir noch lebhaft in der Erinnerung, daß wir singend durchs Dorf zogen, um den Sieg von Königgrätz zu feiern.

Noch lange nach Friedensschluß lebten die preußischen und hannoverschen Grenzdörfer in einem stillen Kriegszustande. Es ist vorgekommen, daß auf dem Heimwege von einem Missionsfeste Frauen miteinander in Streit gerieten.

Daß die Wunde in dem Herzen mancher Hannoveraner nicht bald heilte, kann man wohl verstehen. Die ganze Wahrheit über den Krieg und Frieden wußten nur die Nächstbeteiligten. Am besten wußte sie der alte König Wilhelm, der Vetter des Königs von Hannover. Sein Jugendfreund war der Freiherr v. d. Recke auf Obernfelde bei Lübbecke. Dieser hatte vom Könige die Erlaubnis, ihn jederzeit ohne Einladung zu besuchen, wenn er in Berlin wäre. Bald nach dem Friedensschlusse war der Freiherr in Berlin und besuchte den König. Über Politik redete dieser sonst nur mit den zuständigen Ministern. Jetzt aber machte er eine Ausnahme und fragte seinen Besuch: „Was sagen Sie dazu, daß ich Hannover genommen habe?" Die Antwort gab er selber, indem er fortfuhr: „Ich konnte nicht anders. Mein Vetter war zu eigensinnig." Diese Sache hat mir die Tochter des Barons erzählt, die jahrelang seinem Hause vorstand.

Gastfreiheit. Wenn ich von meinen Eltern sagte, daß sie uns das Wort Gottes vorgelebt haben, so gilt das auch von der Gastfreundschaft. Mancher Kollektant ist manches Mal unser Gast gewesen. Das ist um so höher zu bewerten, als wir ein großer Haushalt und auf Logierbesuch nicht eingerichtet waren. Besonders erinnere ich mich an den alten Päse, den Vater des späteren Missionars, der für Schildesche sammelte. Beherbergt wurden auch Hausierer aus dem Norden des Kreises, welche selbstgefertigtes Küchengerät (hölten Tüg) verkauften. Sie waren mit einer Streu in der Wohnstube zufrieden. Als Entgelt ließen sie ein Stück aus ihrer Kiepe zurück.

Gastfreundschaft wurde auch von solchen erwartet, welche besser darauf verzichtet hätten. Unser Heuerling, von dem schon die Rede gewesen ist, hatte einen Pastor im Norden des Kreises besucht. Als er sich verabschiedete, wies der ihn auf das benachbarte Wirtshaus hin, weil es zur Heimkehr zu spät war. Der Mann hatte erwartet, im Pfarrhause bleiben zu können, und vermerkte es übel, daß der Pastor ihn nicht zum Bleiben genötigt hatte.

Ein großer Fortschritt. Gemeint ist der in der Beleuchtung. Diese besorgte in meiner ersten Jugend eine Tranlampe, welche an einem langen drehbaren Haken hing. Das von ihr ausgehende Licht war mehr ein Halbdunkel als eine Helligkeit. Der einzige Vorzug dieser Beleuchtung war ihre Billigkeit. Eines Tages brachte mein Großvater eine Steinöl-Lampe mit. Darüber war meine Mutter gar nicht erfreut, wie ja bekanntlich Frauen viel zäher am Alten hangen als Männer, was man am deutlichsten bei der Tracht sieht. Daß die Beleuchtung viel besser war, fiel bei ihr weniger ins Gewicht als die größere Teuerung. Nicht bloß das Steinöl kostete mehr als Tran; Zylinder und Lampenglocke mußten auch zuweilen ersetzt werden. Dennoch waren die Tage der Tranlampe unwiederbringlich dahin. Später kam ein weiterer Fortschritt: das Gaslicht. Dieser Fortschritt kam dem Lande nicht zugute. Das war anders mit dem elektrischen Lichte. Der Fortschritt von der Steinöl-Lampe bis zur elektrischen Birne war ebenso groß wie der vom Tran zum Steinöl. Es ist nicht wahr, was mein Vater oft als eine alte Rede anführte: „Immer wird's schlimmer, besser wird's nimmer." Freilich kann nicht behauptet werden, daß mit dem Fortschritt der Beleuchtung auch die Erleuchtung der Menschen gleichen Schritt gehalten habe. In bezug auf die Erleuchtung gilt auch heute noch der Reim des Wandsbecker Boten:

> Erleuchtet das Jahrhundert ist,
> Der Esel Stroh und Disteln frißt.

Wie wir erzogen wurden. Unsere Eltern haben kein Buch über Erziehung gelesen und keine Unterweisung darüber genossen; dennoch danke ich Gott immer wieder für die Erziehung, die wir von ihnen empfangen haben. Am meisten erzogen sie uns durch ihr Vorbild. Sie machten einen deutlichen Strich zwischen sich und der „Welt" und erzogen uns so, daß uns das Bewußtsein um diesen Strich in Fleisch und Blut überging. Alles, was nach „Welt" aussah, war für uns wie nicht vorhanden. Wenn z. B. fahrende Künstler ins Dorf kamen („Kamelianten" wurden sie genannt), die für Geld ihre Künste zeigten, dann verstand es sich für uns von selbst, daß wir nicht hingingen. Darum fragten wir nicht einmal um die Erlaubnis. Unsere Mutter sah es schon nicht gern, wenn wir hingingen, um die mit Pauken und Trompeten ausgeführte Reklame anzuhören. Ich kann mich nur erinnern, einmal gesehen zu haben, wie ein Mann mit seiner unerwachsenen Tochter auf der Dorfstraße allerlei Kunststücke machte. Das hat sich mir darum so deutlich eingeprägt, weil es für mich etwas ganz Außerordentliches war. Daß uns die Zurückhaltung von solchen meistens harmlosen Vergnügen wie ein Opfer erschienen wäre, kann ich nicht sagen.

Alle diese Dinge, welche andere unbedenklich mitmachten, hatten für uns keinen besonderen Reiz. Mein ganzes Leben hat mich der Gedanke begleitet, daß der Gegensatz zur Welt etwas ist, was sich für einen Christen von selbst versteht. Zu entscheiden, wo die Welt anfängt, dafür gibt es keine bestimmte Regel. Das muß jedem sein Gewissen sagen. Für einen Menschen, der sich vom Geiste Gottes leiten läßt, ist diese Grenze leicht zu finden.

Wie wir lebten. Das ist bald gesagt: Wir lebten einfach, sehr einfach. Unsere Kleidung bestand fast ganz aus selbstgesponnenen und selbstgewebten Stoffen. Ich habe noch Männer gekannt, die weiße Kittel trugen, um das Geld für das Färben zu sparen. Geld gaben wir für die Kleidung gewöhnlich nicht mehr aus, als was das Färben und Nähen kostete. Der Schneider kam ins Haus und der Schuster auch. Leder hatten wir selbst von den geschlachteten Rindern. Unterzeug war unbekannt.

Diese Bekleidungsart hatte außer dem Vorzug der Billigkeit noch den anderen, daß sie viel Gelegenheit zur Arbeit gab. Im Frühjahr, wenn der Webstuhl eben weggeräumt war, fing die Arbeit beim Flachse schon wieder an, um das ganze Jahr hindurch mit geringen Unterbrechungen nicht abzureißen. Im Winter wurde gesponnen. Es spannen alle, auch die Männer, wenn sie gerade keine andere Arbeit hatten. Gesponnen und gewebt wurde auch im Pfarrhause. Den alten Kantor habe ich nicht gekannt, von dem erzählt wurde, daß er morgens vor der Schule ein Stück Garn gesponnen hätte. Spinnen habe ich auch gelernt. Nicht eher durfte ich ins Bett, als bis ich meinen „Tall" hatte, d. h. die bestimmte Anzahl von Gebinden.

Benachbarte Spinner bildeten zusammen einen „Tropp", d. h. sie versammelten sich in einem Hause und spannen. Dabei wurden Geschichten erzählt und Lieder gesungen. Ein Nachbar hatte einen großen Vorrat von Geschichten und gab sie oft zum besten. Sie waren entweder zum Lachen oder zum Grauen. Wenn wir sie auch schon oft gehört hatten, hörten wir sie doch immer gern, z. B. die von den Hofnarren des Alten Fritz. Zuletzt bildete ich mit einem befreundeten Nachbarn einen besonderen Tropp. Die Freundschaft hat gereicht bis zu dem vor einigen Jahren erfolgten Tod des Nachbarn.

Was man in der Jugend gelernt hat, verlernt man nicht leicht. In unserem Pflegehause sagte ich einmal zu den spinnenden Frauen, ich könnte auch spinnen. Als sie es bezweifelten, setzte ich mich ans Rad und bewies es ihnen, worüber sie nicht wenig erstaunt waren.

Die Maschine hat den Menschen das Spinnen abgenommen. Während des letzten Krieges wurde es vielerorts wieder angefangen. Wenn heute noch mit dem Rade gesponnen würde, gäbe es weniger Arbeitslose.
Das Garn, welches nicht verwebt wurde, diente als Tauschware beim Kaufmann. Nur bei einem Kaufmann konnte man Salz bekommen. Dazu mußte man ein Heft mitnehmen, in welches der Kaufmann die Menge des geholten Salzes eintrug. Von Zeit zu Zeit kam ein Revisor, um nachzusehen, ob die Menge des verkauften Salzes mit der dem Kaufmann gelieferten übereinstimmte. Das geschah, um den Schmuggel über die nahe hannoversche Grenze zu verhindern.
So einfach wie unsere Kleidung war auch das Essen. Des Morgens gab es Mehlsuppe, in welche Brot bebrockt wurde. Die Mahlzeit hieß „dat Imt" (Imbiß). Ein sogenanntes Frühstück kannte man nicht. Während meiner ganzen Schulzeit habe ich keins mitbekommen und andere Schüler auch nicht. Im Mittagessen gab es nur wenig Abwechslung. Messer und Gabel wurden dabei nicht gebraucht. Die Löffel waren aus Holz, welche den Vorzug haben, daß sie nicht heiß werden und bequemer zu handhaben sind als metallene. In den kurzen Tagen von Herbst bis Ostern fiel der Nachmittagskaffee aus. Abends wurde der Rest des Mittagessens verzehrt, worauf noch eine Milchspeise folgte.
Mein Vater erzählte, daß in früherer Zeit die Frauen den Kaffee in Abwesenheit der Männer getrunken hätten, und zwar mit dem Löffel aus Schüsseln, weil die Tassen sie verraten hätten. Porzellan-Schüsseln waren in meiner Jugend unbekannt. Auf dem Rand der irdenen standen zuweilen gute Worte, z. B. „Liebe mich allein, oder laß es ganz sein."
Obgleich wir eine Menge Hühner hatten, bekamen wir doch nur einmal im Jahr Eier zu essen, nämlich Ostern. Zuweilen wurde die Milchsuppe durch einige Eier verbessert. Die Eier wanderten im übrigen zum Kaufmann.
Fleisch gab es zu Mittag, und zwar bekam jeder sein Teil. Dabei wurde uns gesagt, daß es früher nicht so üppig hergegangen wäre. Bei einigen Bauern gab es außer sonntags dreimal, bei andern nur zweimal in der Woche Fleisch. Damals wurde der erste Teller ohne Fleisch und die erste Tasse Kaffee mit trockenem Brote getrunken. Viele arme Leute schlachteten überhaupt nicht und aßen immer fleischlos.
Zum Kaffee gab es Schwarzbrot. Kleinbrot, wie das Weißbrot genannt wurde, sahen wir nur an den hohen Festen und wurde für den Großvater gebacken. Kuchen wurde nur zu Hochzeiten und Kindtaufen gegessen. Das Schwarzbrot zu Hause ziehe ich heute noch allem anderen Gebäck vor. Weil soviel Schwarzbrot gegessen wurde, darum hätte ein Zahnarzt bei uns schwerlich Arbeit gehabt. Denn Schwarzbrot macht nicht nur die Wangen rot, sondern auch die Zähne weiß.
Obgleich es Arbeitslosigkeit nicht gab, war die Armut doch viel größer als heute. Die Bettelei war allgemein, und die Bettler baten gewöhnlich nur um ein Stück Brot. Es gab Häuser, in denen die Männer mehrere Stücke Brot abschnitten, ehe sie aufs Feld zogen, damit die Hausfrau es nachher nicht zu tun brauchte. Denn

dazu gehörte Kraft. Ich sehe die Bettler noch um den Herd herumstehen, wenn unsere Mutter den Topf mit dem Mittagessen vom Feuer zog. Sie lallten „dat schön Eten" in der Hoffnung, etwas mitzubekommen. Die meisten Bettler waren aus Lübbecke. Es waren solche dabei, die sich die Lumpen ihrer Kleidung mit Bindfäden zusammengebunden hatten. Die Bettler aus Lübbecke wurden weniger, als der Bürgermeister L. die Verwaltung der Stadt übernahm. Er gab den Armen Arbeit. So verwirklichte er den Gedanken des Pastors v. Bodelschwingh schon, ehe jener große Mann ihn zum Leitstern seiner Fürsorge für „die Brüder von der Landstraße" machte. In Lübbecke nannte man die arbeitenden Armen „Stadtsoldaten". Sie arbeiteten unter der Aufsicht eines Vorarbeiters im Dienste der Stadt an der Verbesserung der Wege in der Nähe der Stadt.

Unsere Stube. Sie war nicht groß, für eine so zahlreiche Familie wie wir fast zu klein. Aber es konnten doch viel Menschen darin bleiben, weil sie nur wenig Hausgerät enthielt. Die eine Wand hatte nur Fenster, und daran entlang lief eine an der Wand befestigte Bank. Außer dem Ofen und einigen Stühlen stand auf dem Fußboden kein Hausgerät. Der Brotschrank war in der Wand, und die beiden Milchschränke waren so hoch an der Wand befestigt, daß sie nicht im Wege waren. Unser Tisch hatte nur ein Bein an der einen Schmalseite. An der anderen war er mit zwei Scharnieren an der Wand befestigt. So konnte er nach der Mahlzeit hochgeklappt werden. Die Uhr saß in einem Gehäuse in der Wand. Der Ofen, mit der Wand nach der Deele zu verbunden, wurde von außen geheizt.

Was bewog den Bauern, so viele Gegenstände an der Wand zu befestigen? Das kam von der Zeit her, in welcher er dem Gutsherrn erbuntertänig war. Wenn der Hof den Besitzer wechselte, mußte der neue Besitzer dem Gutsherrn von allem, was niet- und nagellos war, einen Weinkauf, eine Art Erbschaftssteuer, geben. Um an dem Weinkauf zu sparen, nagelte man fest, was irgend möglich war. Schwer lastete auf dem Bauernstande auch der Hand- und Spanndienst. An bestimmten Tagen mußte der Bauer dem Gutsherrn einen Arbeiter stellen. Das war der Handdienst. Der Spanndienst bestand darin, daß ein Gespann gestellt werden mußte. Ob Kost und Futter vom Gutsherrn geliefert wurden, weiß ich nicht, jedenfalls war der Dienst unentgeltlich. Wert war er auch nicht viel. Mein Vater sagte, die Pferde hätten gewußt, wenn sie auf dem fremden Lande vor dem Pfluge gingen. Sie gingen dann so langsam, daß sie eben von der Stelle kamen. Angetrieben wurden sie natürlich nicht. Wieviel geschafft wurde, das war einerlei. Wenn die Zeit herum war, hatte man der Pflicht genügt.

Eine schwere Last war für den Bauern auch der Zehnten. Etliche mußten außer dem Kornzehnten auch den Blutzehnten geben. Jedes zehnte Kalb oder Fohlen gehörte dem Gutsherrn.

Bei einem adligen Herrn habe ich einmal ein altes Aktenstück gesehen, dessen Aufschrift lautete: „Der Herr von X. und seine Frau geb. von Y. verkaufen dem Herrn v. A. und seiner Frau geb. v. B. einen Knecht". Das soll nicht heißen, daß ein Mensch verkauft wurde, sondern der eine Herr verkaufte dem anderen das Recht auf einen Knecht. Der Rentmeister jenes Herrn erzählte mir, daß er diesem oder jenem Bauern nur 25 Pfennig zu bringen brauchte, dann mußte der Bauer seinem Herrn für ein Jahr einen Knecht stellen. Der bekam für seinen

Jahresdienst nicht mehr als die Kost. Wenn der Rentmeister einem anderen Bauern einen „guten Groschen" (13 Pf.) brachte, dann mußte der seinen Herrn eine Magd stellen, die ebenfalls für die Kost ein Jahr dienen mußte. Wenn wir nun noch dazunehmen, daß der Bauer nicht unbeschränkter Herr über seinen Hof war, daß er nicht verkaufen konnte ohne Zustimmung des Herrn, dann verstehen wir, daß er nicht auf einen grünen Zweig kam. Dem Reichsfreiherrn v. Stein verdankt es der Bauernstand, daß er von den Fesseln befreit wurde. An ihre Stelle trat eine Rente, wenn die Ablösungssumme nicht mit einem Male bezahlt werden konnte. Nachdem der Bauer frei geworden war, hat sich sein Stand in einer Weise gehoben, wie man es früher unmöglich gehalten hätte. Die Tische mit einem Beine, die festgemachten Bänke usw. hatten sich noch Jahrzehnte gehalten, als man ihren Ursprung längst vergessen hatte.

Unser Kessel. Wir hatten einen kupfernen Kessel, der der größte im Dorfe war. Er wurde außer dem Hause öfter gebraucht als bei uns. Für den Herd war er zu groß. Zwei sog. Böcke waren dazu gemacht, um ihn auf dem Flure gebrauchen zu können. Er wurde nur gebraucht bei großen Hochzeiten und bei Leichenfeiern, solange sie noch vormittags stattfanden, wo dann das ganze Gefolge Mittagessen bekam, wozu gewöhnlich ein Rind geschlachtet wurde. Von dem Kessel sagte man, daß er zuweilen spuke. Wenn er auf der Diele stand, hörte man wohl den Henkel niederfallen. Daraus schloß man, daß bald jemand sterben würde. Nun wurde er einmal bei einer Leichenfeier gebraucht. Der Mann, der ihn zu bedienen hatte und von dem Klappern wußte, sagte: „Diesmal soll der Kessel seinen Willen nicht haben", und achtete streng darauf, daß der Henkel leise hineingelegt wurde. Aber einer seiner Helfer war unvorsichtig, und der Henkel klapperte doch. Die Menschen waren damals noch sehr abergläubisch, und früher waren sie es noch mehr. Mein Großvater erzählte, in seiner Jugend hätte jedermann geglaubt, daß auf einem bestimmten Mühlenteiche die Hexen tanzten und daß in einer bestimmten Straße der Werwolf umginge. Irgendwo haben sie einmal den Werwolf im Dunkeln erschlagen. Am andern Morgen sah man, daß es ein Schaf war. Mir wurde vorgeredet, daß hinter dem Backse (Backhause) unseres Nachbarn ein Mann mit einer glühenden Pfeife säße. Obgleich ich ihn nie gesehen, glaubte ich es doch. Wenn ich abends aus der Spinnstube mit meinem Rade nach Hause ging, rannte ich im Galopp an dem Backse vorbei, aber gesehen habe ich nie etwas.

Unsere Nachbarn. Unser Hof liegt fast außerhalb des Dorfes. So hatten wir nur drei Nachbarn. Ihrer zwei hielten von Nachbarschaft nicht viel. Das war bei dem einen besonders auffallend, weil er sein Wasser aus unserm Brunnen holte. Wir hatten denselben Namen. Unsere Äcker und Wiesen lagen zusammen. Die Hausnummern folgten einander. Früher waren beide Höfe wahrscheinlich einer gewesen. Wir lebten im Frieden miteinander, aber Gemeinschaft hatten wir nicht. Den alten asthmatischen Bauern habe ich zuweilen besucht, erwidert hat er den Besuch nie. Nur die Magd, welche dem Bauern nach dem Tode der Frau die Wirtschaft führte, ging bei uns ein und aus. Es war ein tüchtiges Mädchen und hatte die Kränkung nicht verdient, welche sie einmal erlebte. Sie war verlobt gewesen, aber der Bräutigam ließ sie sitzen. An dem Morgen des Sonntags, an

dem er mit der anderen aufgeboten werden sollte, saß auf dem First unseres Nachbarhauses ein „Schucht", d. h. eine Puppe in der Größe und Kleidung eines Mannes. Die Sitte ist oft grausam. Sonst machte die Jugend nicht so viele Umstände in ähnlichen Fällen, sondern streute in der Nacht vor dem Aufgebote der Sitzengebliebenen zu dem Hause des einen Aufzubietenden Häcksel.
Sehr lebhaft war unser Verkehr mit dem Heuerling des Namensvetters. Es verging kaum ein Sonntagmorgen, an dem er beim Wasserholen nicht in unsere Stube kam. Er war ein frommer Mann und besuchte die Versammlung. Damit konnte er einen Scherz und fröhliches Wesen wohl vereinigen. Bei ihm sah man, daß Christentum mit sauertöpfischem Wesen nichts gemein hat. An seinem herzhaften Lachen haben wir uns oft gefreut und bedauert, daß sein Besuch nur kurz sein konnte.

Der große Brand
Bis zum neunten Lebensjahr war der Gang meines Lebens so gleichmäßig, daß ein Tag dem andern glich. Im zweiten Monat meines neunten Jahres trat ein Ereignis ein, daß heute noch so lebendig vor meiner Seele steht, als wenn es gestern geschehen wäre.
Als ich am 24. April 1865 aufwachte, sah ich in ein Flammenmeer. Das Feuer war etwa 400 Meter von unserem Hause entfernt, aber meine Schlafstube war hell erleuchtet. Ich sah deutlich, wie das Feuer auf dem First eines Hauses entlanglief. Der Platz neben mir war leer, denn mein Großvater war als Vorsteher schon längst auf der Brandstätte. Zwei jüngere Geschwister und ich wurden nach einem Hofe gebracht, der zehn Minuten vom Dorfe entfernt liegt, damit wir vor Gefahr sicher wären. Auf dem Wege dahin hatten wir unsere Augen mehr hinten als vorn. Wenn man so etwas erlebt hat, kann man verstehen, wie schwer es für Lot war, auf dem Wege aus dem brennenden Sodom nicht hinter sich zu sehen, und daß seine Frau es doch tat. Es war ein grausiger Anblick, wenn wir uns umsahen; ein großes Feuermeer und darüber eine riesige Rauchwolke, welche sogar den Turm verdeckte. Deutlicher als das Krachen der stürzenden Balken hörten wir das Brüllen der Kühe und das Geschrei der Schweine, welche mitverbrannten. Das Feuer breitete sich schnell aus, daß einige Leute, die dem Nachbarn halfen, schnell nach Hause eilen mußten, weil ihr eigenes Haus auch in Gefahr war oder schon brannte. Ein Bauer hatte besonderes Unglück. Gerade an dem Tage hatte er sein Haus abbrechen wollen, um ein neues zu bauen. Nun brannte es so schnell ab, daß er fast nichts retten konnte. 13 Stück Rindvieh und die Schweine kamen in den Flammen um. Eine Kuh war in den Keller gerannt.
Weil wir noch nichts gegessen hatten, gaben die Leute uns einen Morgen-Imbiß. Ich weiß heute noch, wie gut uns der Honig schmeckte, und wie wir das furchtbare Geschehen im Dorfe darüber vergaßen, obgleich wir vom Tisch immer in die Flammen sehen konnten. Als wir ins Dorf zurückdurften, weil das weitere Umsichgreifen des Feuers gehemmt war, sah ich den eben genannten Bauern mit seiner Schwester bei dem Koffer derselben stehen, der noch ganz war. Die

Schwester hatte ihre Aussteuer darin und den schweren Koffer mit eigener Kraft bis zur Bodentreppe geschleppt. Da versagte ihre Kraft. Es ist erstaunlich, bis zu welchen Kraftleistungen Menschen in solchen Lagen fähig sind. Andere dagegen sind wie gelähmt. So ging es meinem Vater. Obgleich ein starker Mann, war er so zerschlagen, daß er nichts leisten konnte. Wir sahen, wie die Schwester des Bauern den Inhalt des Koffers untersuchte, aber es waren nur angebrannte Lappen von gewürfeltem Bettzeug. Von solchen Lappen war das ganze Feld bedeckt, was man erst sah, als das Korn gemäht war.

Es ist mir heute noch wie ein Wunder, daß unser Haus kalt blieb. Ich sah, wie die Funken um das Strohdach wirbelten und doch keinen Schaden anrichteten. Mit Pfannen gedeckte Häuser gerieten in Brand, obgleich sie nicht in unmittelbare Berührung mit dem Feuer kamen. Die Pfannen wurden so heiß, daß die Strohdocken zu brennen anfingen. Dagegen blieb ein Haus mit Strohdach verschont, obgleich das Nachbarhaus brannte. Man hatte Laken aufs Dach gelegt und hielt es immer mit der Spritze unter Wasser.

Die Pfarre, Küsterei und Kantorei mit der Schule wurden ein Raub der Flammen. Die älteste Pfarrerstochter rettete nur einen Sack mit Wäsche, und nachher waren es lauter Handtücher. Die Pfarrfrau hatte ihr Silbergeschirr in dem Ofen der Beichtkammer versteckt. Und trotzdem wurde es gestohlen. Armen Leuten, welche ihre Betten bis vors Dorf gebracht hatten, wurden sie gestohlen. Die Gemeinheit der Menschen zeigt sich bei solchen Unglücksfällen am meisten. Ein Haus war halb abgebrannt, das Kammerfach stand noch, und das Korn auf dem Boden war unversehrt. Da legten sich die Löschmannschaften in den Gang des Schweinestalles und erklärten dem Bauern, sie würden sein Korn retten, wenn er ihnen Branntwein gäbe. Es ließen sich auch Stimmen hören wie diese: Wenn den Bauern ihr Fett auch ausgeschmort würde.

Großer Schaden wurde auch durch brennende Speckseiten angerichtet. Solche Speckseiten sind kilometerweit geflogen.

Um 4 Uhr hatte das Feuer angefangen. Unglücklicherweise war der Nachtwächter kurz vorher zu Bett gegangen, so daß die Leute erst durch das Feuer geweckt wurden. Der Wind drehte sich an dem einen Morgen dreimal, so daß fünfzig Häuser ein Raub der Flammen wurden.

Es war um die Vesperzeit. Das Feuer war noch nicht gelöscht. Da kam mein Großvater nach Hause, um zum ersten Male während des Tages etwas zu genießen. Kaum hatte er ein paar Bissen genommen, da kam ein Bauer, in dessen Nachbarschaft es brannte, und schalt meinen Großvater, daß er äße, während sie noch in Gefahr schwebten.

Es war noch Tag, da fuhr ein Wagen in unser Haus, der von den benachbarten Gütern mit Brot, Fleisch und Getränken beladen war, damit die Abgebrannten sich satt essen könnten. Die Leute wurden benachrichtigt, so schnell es ging und bekamen ihr Teil. Im Handumdrehen war der Wagen leer. Da kamen noch welche, die auch etwas haben wollten. Als sie mit leerer Hand abziehen mußten, drohten sie, unser Haus anzustecken.

Sechs Wochen hat es gedauert, bis das Feuer ganz erloschen war. Immer wieder sah man in einem Keller und anderswo Rauch, und wo Rauch ist, da ist auch Feuer.

Es war nicht das erste Mal, daß Gehlenbeck abbrannte. Als einmal der Turmkopf unter dem Kreuze geöffnet wurde, fanden sich in demselben zwei Metallplatten mit der Inschrift: Magnum incendium anno 176? (das Jahr weiß ich nicht mehr). Turris restanrata est anno 17?? Rex erat Friedericus Magnus. Praefectus Reinebergensis. Deutsch: Großer Brand im Jahre 176... Der Turm ist wiederhergestellt im Jahre 17... König war Friedrich der Große. Der Amtmann wohnte auf dem Reineberge. Unter Reineberg verstand man damals einen größeren Bezirk, als heute damit bezeichnet wird. Mein Großvater erzählte von diesem großen Brande, daß die Glocke um 11 Uhr noch geläutet hätte und um 12 Uhr schon heruntergefallen wäre. Die Mauern der Kirche waren stehengeblieben, aber an dem Gesimse sieht man heute noch, daß es verletzt ist. Die Kirche war jetzt verschont, und das kam der Schule zugute. Zuerst freilich fiel der Unterricht aus. Dann wurde im Turme Schule gehalten. Die Abgebrannten kamen alle unter. Der Pastor zog zu einem Bauern, der ein großes Haus hatte. Die beiden Lehrer zogen nach Lübbecke. Auch in Eilhausen fanden etliche Wohnung. Die Leute verstanden damals noch besser als heute, sich zu behelfen. Wenn sich heute einer irgendwie geschädigt fühlt, steht es bald in der Zeitung. Und dies Druckmittel versagt selten.

Gleich in der nächsten Nummer des „Lübbecker Kreisblattes" stand ein Aufruf zu einer Sammlung für die Abgebrannten. Der Name meines Großvaters stand auch darunter. Gesammelt wurde Geld, Korn, Kleider und Stroh. Die Sammelstelle war unser Haus und Hof. Es dauerte nicht lange, da häufte sich auf unserem Hofe das Stroh und auf dem Boden unseres Backses das Korn. Die Kleidungsstücke konnten wir kaum lassen. Wenn die Leute etwas brachten, durften wir sie nicht ungegessen nach Hause fahren lassen. So geschah es, daß meine Mutter fast jeden Tag für die Sammler kochen mußte.

Ehe die Gaben verteilt waren, erschien eines Tages eine Kommission der Mindener Regierung bei uns, um nachzuweisen, ob wir ehrlich wären. Bei der Regierung war eine namenlose Anzeige eingelaufen, in der stand, daß in dem Boden unseres Backses ein Loch wäre, durch welches das Korn in die darunter liegenden Schweinetröge sickerte. Das war der Dank dafür, daß wir durch das Unglück des Dorfes mehr Mühe gehabt hatten als andere Dorfgenossen. Wer etwas tut, um Dank zu ernten, ist ein Narr.

Nun kam die Verteilung, und das war keine angenehme und leichte Sache. Denn allen Leuten recht getan, ist eine Kunst, die niemand kann. Geld war so viel gegeben, daß etliche Familien an 400 Mark bekamen. Es waren auch solche da, die nichts nahmen. Ich erinnere mich an einen alten Bauern, der weder vom Gelde noch vom Korn oder Stroh etwas nahm. Er sagte, er hätte in den letzten Jahren alljährlich 3 000 Mark erspart. Das ist wohl erklärlich. Ein Knecht bekam 120 bis 150 Mark und eine Magd 30-40 Mark im Jahre, und das Korn wurde gut bezahlt.

Kaum war die Frühjahrsbestellung zu Ende, da fing der Neubau der Häuser an. Das Dorf, soweit es abgebrannt war, wurde verkoppelt. So konnte die Chaussee, welche bis dahin einen Bogen machte, begradigt werden. Der Mann, dessen Haus zuerst gebrannt hatte, war der erste, der ein Haus wieder hatte. Es war auch von allen Abgebrannten der einzige, der seinen Hausrat versichert hatte. Es wurde erzählt, er hätte seinen Nachbarn geraten, dasselbe zu tun. Als sein Haus brannte, stand er im Hemde auf der Straße und bejammerte sein Unglück, als wenn er vom Feuer so überrascht wäre, daß er sich nicht anziehen konnte. Seine wohlgenährten Kühe verbrannten. Als er eingezogen war, standen auch wieder Kühe im Stalle. Aber damit ging es ihm wunderlich. Er hatte die Kühe noch nicht lange gehabt, da magerten sie zusehends ab und zuletzt konnten sie den Pflug nicht mehr ziehen. Er kaufte neue, aber mit ihnen ging es gerade so. Zuletzt mußte er die Kuhwirtschaft darangeben. Er schaffte sich ein Pferd an und unternahm Fahrten nach Minden, um für die Kaufleute des Dorfes Waren zu holen. Einer von ihnen, der ihm auch seine Waren anvertraute, sagte mir, daß die Rechnung nie stimme. Er stellte den Fuhrmann aber deshalb nicht zur Rede, weil er ihn fürchtete. Auf dem Moore arbeitete er nicht, obgleich er einen Torfplatz hatte. Dennoch fuhr er ins Moor und lud seinen Wagen voll Torf. Aber niemand zeigte ihn an, weil jedermann ihn fürchtete. Dabei ging er fleißig zur Kirche. Sogar in den Fasten-Gottesdiensten habe ich ihn gesehen. Er verarmte immer mehr und mehr und sank immer tiefer. Wie er der erste gewesen war, der ein Haus wiederhatte, so war er auch der erste, der es wieder verkaufen mußte. Er ist schließlich ganz verkommen, einsam und im Elend gestorben. Obgleich Gott ihn gezeichnet hatte, wagte doch niemand, es ihm auf dem Kopf zuzusagen: Du bist der Mann.

Der Wiederaufbau des Dorfes, welcher in dem auf den Brand folgenden Sommer fast beendet wurde, machte dem Vorsteher viel Arbeit. Nicht bloß mußte unser Gespann sehr oft unterwegs sein, um Backsteine und Dachziegel aus dem Kreise Minden zu holen, jeder Abgebrannte, der Wagen nach der Ziegelei schickte, mußte eine vom Vorsteher untersiegelte Bescheinigung mitnehmen, daß er abgebrannt sei. Dann wurde ihm das Chaussee-Geld erlassen. Denn die Chausseebäume waren damals noch allgemein. Die Bäume sind längst abgeschafft, weil sie bei dem zunehmenden Verkehr ein Hindernis waren.

Nach dem Brande ging es vielen besser als vorher. Es gab Familien, die nie ein Schwein geschlachtet hatten, und es sich jetzt von dem geschenkten Fleische wohl sein ließen. Als die Elbe vor Jahren einmal über die Ufer getreten war und großen Schaden angerichtet hatte, warnte der Minister im Abgeordnetenhause davor, die Überschwemmten mehr als unbedingt nötig zu entschädigen, sonst würden sie sich den Reim zu eigen machen: Gib uns heut unser täglich Brot und jedes Jahr eine Wassersnot.

Dorforiginale. Einen abgebrannten Bauern und Kleinhändler hörte ich sagen: „Das nackte Lebe haben wir noch". Er hatte die Gewohnheit, hochdeutsch zu reden. Vor Jahren hatte er eine Erweckung erlebt. Da wurde es ihm zu einer Gewissenssache, den Verkauf von Branntwein einzustellen, weil er vielen zur Sünde wird. Er wartete aber nicht, bis sein Vorrat verkauft war, sondern ließ den Inhalt des Fasses in die Gosse laufen. Nach dem Brande gab er den Kleinhandel ganz auf. Er war ein kluger Mann und wurde von den Leuten viel in Anspruch genommen, wenn es sich um Eingaben an die Behörden oder Rechtssachen handelte. Er hatte eine schöne Handschrift und eine geläufige Schreibweise. Ich habe manches Schriftstück von ihm in Händen gehabt, aber nie habe ich einen Fehler gegen die Rechtschreibung darin gefunden. Woher er seine Wissenschaft hatte, bin ich nie gewahr geworden. Von dem Unterricht in der Dorfschule hatte er sie nicht, denn in dieser wurden auch zu meiner Zeit Aufsätze nicht gemacht. Er führte ein musterhaftes Leben und war Leiter einer „Versammlung". Aber in einem Stück war er mir ein Rätsel, weil er immer mit der Linken wählte. Mein Großvater, der sein guter Freund war, konnte in dieser Hinsicht nur sein Gegner sein. Einmal, als wir über Politik sprachen, sagte er, die Adeligen wollten die Erbuntertänigkeit der Bauern wieder einführen. Ich begriff nicht, daß ein kluger Mann eine solche Bangemacherei glauben konnte. Der Text seiner Leichenpredigt war gut gewählt: Das ist der Alten Krone, wenn sie viel erfahren haben, und ihre Ehre ist, wenn sie Gott fürchten. Sirach 25, 8.

Seine Nachbarin war auch ein Original. Sie war die Tochter des früheren Kantors und hieß nicht anders als „Kantors Jette". Sie bewohnte das kleinste Haus im Dorfe und betrieb einen kleinen Handel. In ihrem Laden war alles zu haben, außer was zu des Leibes Nahrung gehörte. Ob jemand für 5 Pfennig oder 1 Mark kaufte, er wurde immer mit derselben Freundlichkeit behandelt. So schlug die Jette sich redlich durch und ist mit Ehren alt geworden.

Ein Original war auch ihr Bruder, der ebenfalls einen Laden hatte. Der Laden war klein, und der Umsatz war auch nicht groß. Aber der Inhaber war zufrieden. Er pflegte zu sagen: „Gott bewahre mich vor plötzlichem Reichtum!" Er hatte früher bessere Tage gesehen und sein Vermögen verloren, woran er nicht unschuldig war. Nun fürchtete er, der Versuchung plötzlichen Reichtums nicht widerstehen zu können. Obgleich er oben im Dorfe wohnte, und wir ganz unten, wurde ich doch zuweilen mit einem Auftrage zu ihm geschickt, damit er etwas verdiene. Sein treuester Kunde war sein Schwager, der Kantor, den ich oft dort traf. Ich sehe ihn immer noch in der kleinen Stube seine Zigarre rauchen, die er dort erstanden hatte. So habe ich sonst keinen Menschen Zigarren rauchen sehen. Kaum daß seine Lippen die Zigarre berührten und benetzten. Wenn eine Prämie ausgesetzt wäre für den, der am längsten an einer Zigarre raucht, er hätte die Prämie bekommen. Vor plötzlichem Reichtum ist der Kaufmann bewahrt geblieben und in seinen früheren Fehler nicht wieder zurückgefallen.

Ein Original war der Heinrich X, der freilich nicht für voll galt. Er nahm vor jedem seine Zipfelmütze ab, der eine Schirmmütze trug, weil der ihm als vornehm galt, denn Schirmmützen wurden damals noch selten getragen. Man hatte ihm vorgeredet, die Aufgebote mache der Pastor nach seiner Willkür. Er suche sich in der Kirche die aus, welche sich heiraten sollten, und die würden aufgeboten. Wenn die Aufgebote nun daran kamen, versteckte er sich hinter einem Pfeiler, damit der Pastor ihn nicht sähe und aufbiete. Denn heiraten wollte er nicht. Weil wir nun einmal bei den Aufgeboten sind, mag hier eins erwähnt werden, welches wahrscheinlich einzig in seiner Art ist. Ich war gerade in der Kirche und habe gesehen, wie bei Kirchgängern ein Lächeln zu sehen war, als die Aufgebotenen „von der Kanzel fielen", wie man auf dem Dorfe sagt. Aufgeboten wurden drei Brautpaare, welche zwei Familien angehörten: Drei Brüder und eine Witwe mit zwei Töchtern. Der älteste Bruder heiratete die Witwe und die beiden anderen die Töchter, und zwar dem Alter nach. So wurde der älteste Bruder der Schwiegervater seiner Brüder und seine Frau die Schwägerin ihrer Töchter. Weil damals die Namen der Eltern im Aufgebot auch genannt wurden, kam jeder Name sechsmal vor. Dazu kam, daß die Namen alle einsilbig waren.

Das letzte Dorforiginal, von dem hier die Rede sein soll, war die alte Mutter O. Sie hatte einen Bauernsohn geheiratet, der aber sein Vermögen durch einen Prozeß verlor. Sie mußten sich mühsam mit ihrer Hände Arbeit nähren. Mein Großvater, ein Verwandter ihres Mannes, sorgte als Vorsteher dafür, daß er den Posten des Schweinehirten bekam. Nun hatten sie eine Dienstwohnung und einen Garten. Wenn der Mann oben im Dorfe anfing zu blasen, wurden ihm die Schweine zugetrieben, und er zog mit ihnen zum Schweinebruch. Es war ihm schwer, als Sohn eines großen Bauern, mit den Schweinen durchs Dorf zu ziehen, und er ließ seine Frau mit seinen Söhnen die Schweine zusammenblasen. Am Ende des Dorfes übernahm er dann die Führung. Als die Bauern dahinter kamen, sagten sie: „He schall'er achter!" d. h. er soll hinter den Schweinen hergehen von oben an. Mein Großvater sagte ihm, daß der Teufel ihn mit dem Hochmut plage, und er ergab sich in sein Schicksal.

Sie hatten eine ziemliche Kinderschar und für jedes Kind nur zwei Hemden. Die Hälfte derselben wurde ihnen von der Bleiche gestohlen. Kurz entschlossen ging die Frau zu dem Manne, der im ganzen Dorfe als Dieb bekannt war, und sagte ihm: „Warum hast du das getan? Du weißt doch, daß ich sie nicht übrig habe." Der Mann nahm ihr das gar nicht übel, sondern sagte, er wäre es nicht gewesen, seine Jungens hätten's getan, und gab ihr die Hemden wieder.

Als ihr Mann gestorben und ihre Kinder selbständig geworden waren, nährte sie sich mit Wollspinnen, denn sie wollte ihre Selbständigkeit nicht drangeben. Beim Spinnen schlief sie oft ein. Mein Großvater sagte mal zu ihr: „Du slöpps je jümmer". „Och sau, Junge", war ihre Entschuldigung. Sie gab dem Rade einen Stoß und spann weiter. Als sie neunzig Jahre alt war, sagte sie einmal zu mir, zum Sterben hätte sie noch keine Lust. Sie ist 93 Jahre alt geworden und hat an ihren Kindern Freude erlebt.

Nach G. kam ein neuer Hilfsprediger, der sehr schnell sprach. Als er sie fragte, ob sie ihn auch verstehen könnte, sagte sie, er müsse üben, was Jakobus sagt: „Ein jeglicher Mensch sei schnell zu hören, langsam aber zu reden."

Meine Ehrenämter. So früh wird selten einer Ehrenämter bekommen wie ich. Mein erstes Ehrenamt bestand darin, daß ich Dorfbesteller wurde. Mein Großvater war Vorsteher. In seinen jungen Jahren war er es schon einmal gewesen, und in seinem Alter wählten sie ihn wieder. Er war ein sparsamer Mann, und er sparte auch für die Gemeinde. Wenn etwas allgemein bekannt gemacht werden mußte, schickte er nicht den Dorfbesteller, den es nicht gab, sondern mich. Ich tat es umsonst, und es wäre vergeblich gewesen, etwas dafür zu fordern. So mußte ich zuweilen allen Hundebesitzern sagen, daß sie ihre Hunde anbinden müßten, weil ein toller Hund die Gegend unsicher machte. Manche meinten allerdings, es geschähe nicht um eines tollen Hundes, sondern um der jungen Hasen willen, damit die Hunde ihnen nicht nachstellten. Zuweilen mußte ich in jedem Hause, aus dem Rauch kam, eine Bestellung ausrichten. Wenn die Leute nicht zu Hause waren, nahm ich ein Stück Lehm von der Wand und schrieb die Bestellung an die Stubentür.

Als es sich einmal wieder um die Hunde handelte, mußte ich auf einen Hof, der eine halbe Stunde vom Dorfe lag. Es war ein schöner Sommerabend. Als ich heimging, sah ich an der Seite des Weges in der Furche zwischen dem Korn etwas leuchten, das ich für die Augen einer wilden Katze hielt. Ich faßte meinen Stock fester, und wunderte mich fast über meine Tapferkeit und die Dreistigkeit der Katze, die nicht von der Stelle wich. Ich schlug zu, da lag auf der Erde eine blühende Distel, deren Köpfe ich abgeschlagen hatte. Die kindische Einbildungskraft hatte mir einen Streich gespielt.

Zu einem Ehrenamte wurde ich mißbraucht, welches einen Erwachsenen erforderte. In unserem Dorfe waren die schwarzen Pocken ausgebrochen. Ein Haus, in dem die Krankheit war, lag an der vielbegangenen Provinzialstraße. Und vor diesem mußte ich Posten stehen, damit niemand hinein- und hinausgehe. Was die Leute in dem Hause brauchten, mußte ich holen. In dem Hause wurden die Kranken gesund. Es war ein Heuerlingshaus. In dem Bauernhause, zu dem es gehörte, starb eine Tochter an den Pocken. Der Vater verklagte den Arzt, weil er seine Tochter falsch behandelt hätte. Aber einem Arzte einen Kunstfehler nachzuweisen, hält schwer. Der Arzt wurde freigesprochen.

Wie ich meinen Vater überlistete. Er rüstete den Wagen zu einer Bergfahrt, um Holz zu holen. Meine Bitte, mitzudürfen, schlug er mir ab. Ich aber gab meinen Plan nicht auf. Ich ließ den Vater fahren, bis die Straße eine Biegung machte. Dann folgte ich bis dahin. So machte ich es, bis der Wagen im Berge hielt. Bald war ich auch da. Die Prügel, die ich verdient hatte, bekam ich nicht, weil der Vater fünf gerade sein ließ. So hatte ich einen vergnügten Tag.

Pastor M. Er ist zweimal in Gehlenbeck gewesen, zuerst als Hilfsprediger und dann als Pfarrer. Von seiner Wirksamkeit in der ersten Zeit habe ich nur durch Erzählungen Kenntnis. Durch seine Wirksamkeit, besonders seine Predigten, entstand in der Gemeinde eine Erweckung. Sie gleicht einem Feuer, welches um sich greift. Die Versammlungen nahmen zu, und es wurde zum Tagesgespräch, wenn dieser oder jener zum Glauben gekommen war. Der Pastor R. stand der Bewegung ablehnend gegenüber, weil er sie für ein Strohfeuer hielt. Alle Erweckten waren auch keine Pflanzen, die Gott gepflanzt hatte. Es kam vor, daß in der Stube gesungen und gebetet, und in der Kammer Leinen gestohlen wurde.

Als der Hilfsprediger fortgegangen war, fehlte den Erweckten die rechte Leitung. So geschah es, daß etliche, die im Geiste angefangen hatten, im Fleische vollendeten. Solche habe ich auch gekannt. Viele haben aber einen bleibenden Segen davon gehabt. Und zu denen gehörten meine Eltern.

Der Pastor M, welcher nach Gütersloh kam, war für die Kanzel sehr begabt. Einmal predigte er mit dem alten Volkening zusammen auf einem Missionsfeste in Bielefeld. Er predigte zuerst und mit solcher Kraft, daß etliche meinten, jetzt könne Volkening nur schweigen. An die erste Predigt würde seine nicht reichen.

Später kehrte er nach Gehlenbeck zurück und predigte 25 Jahre nacheinander über die alten Evangelien. Und das war nicht recht getan. Aber bei vielen genoß er eine unbegrenzte Verehrung. Ich ging einmal mit Gemeindegliedern von einem Missionsfeste in Hille nach Hause. Es wurde über die Festpredigten gesprochen und ihnen Lob erteilt. Aber, so hieß der Schluß: „Et es use nich."
Missionsfeste feierte Pastor M. nicht, aber Missionsstunden hielt er mit großer Regelmäßigkeit ab. So bildete sich in der Gemeinde ein fester Kreis von Missionsfreunden, und die Gebefreudigkeit für die Mission war erfreulich. Ein Bauer in Isenstedt feierte auf seinem Hof ein Missionsfest, bei dem der einzige Posaunen-Verein im Kreise, der Hüllhorster, blies. Für unsere Dorfjugend war es ein Ereignis, wenn die Posaunen abends nach Hause fuhren und bliesen. Als Isenstedt von Gehlenbeck getrennt war, setzte ein Bauer in Nettelstedt das Missionsfest auf seinem Hofe fort. Es besteht heute schon über 50 Jahre und wird immer gut besucht.

Der Konfirmanden-Unterricht wurde nachmittags erteilt und fiel nie aus. Ehe der Pastor kam, hatten die Konfirmanden aus Gehlenbeck und Nettelstedt das Regiment, dem sich die Isenstedter und Frotheimer fügen mußten. Einige stellten sich vor der Tür auf und zwangen jeden Schüler aus den zuletzt genannten Dörfern, die Mütze schon draußen abzunehmen. Tat einer es nicht, so wurde sie ihm abgeschlagen. Diese Feindschaft war alt, und der Streit wurde auf dem Heimwege fortgesetzt. Einmal hat mein Vater, der auf dem Felde war, die Streitenden auseinandergetrieben. Ein Junge beteiligte sich nicht an den Raufereien. Wenn er geschlagen wurde, schlug er nicht wieder, sondern sagte bloß: „Gott schall die woll strafen."

Für den Konfirmanden-Unterricht mußten wir viel auswendig lernen: Psalme, Sprüche, Kirchenlieder und den ganzen Herforder Katechismus mit seinen mehr als 600 Fragen. Aber viele waren es nicht, die alles lernten. Es waren auch solche darunter, die die zehn Gebote nicht konnten. Die große Zahl, etwa 180, machte es unmöglich, daß der Pastor sich einzelner besonders annahm. Die Schulzeit war gut, denn der Pastor verstand es, sich in Respekt zu setzen. Wir riefen uns einander zu: „Pastor kump!" und liefen seiner Kutsche aus dem Wege. Zu Fuß sah man ihn auf der Dorfstraße nicht. Aber an jedem Tage ging er mit seiner Frau in den Berg.

Einmal hatte sich ein Konfirmand so vergessen, daß der Pastor ihn von der Konfirmation zurückweisen wollte. Der Junge stand vor dem Pulte und weinte. Der Pastor fragte uns, ob wir dem Mitschüler verzeihen wollten. Natürlich war niemand dagegen, und so wurde er wieder zu Gnaden angenommen.

Während der Konfirmations-Ansprache war unter den Kindern ein allgemeines Weinen. Das wiederholte sich Jahr für Jahr. Auf dem Kirchhofe warteten die Paten der Konfirmierten und verteilten Stuten unter sie.

In Lübbecke. Mit 13 Jahren kam ich auf die höhere Schule in Lübbecke, welche jetzt gerade eröffnet wurde. Bis dahin hatte Lübbecke nur eine Volksschule mit einem Rektor und drei Lehrern. Der Rektor mußte ein geprüfter Theologe sein,

Heinrich Friedrich Wilh. Husemann

ist nach empfangenem Unterrichte in den Heilswahrheiten des Evangeliums und nach abgelegtem Glaubens-Bekenntnisse heute in hiesiger evangelischer Gemeinde vom unterzeichneten Pfarrer confirmirt.

Gehlenbeck, den *10. April* 18*70*

Der Pfarrer

Müller

---

1 Joh. 2, 28. Und nun, Kindlein, bleibet bei ihm, auf dass, wenn er geoffenbart wird, dass wir Freudigkeit haben und nicht zu Schanden werden vor ihm in seiner Zukunft.

Bleibt, Schäflein, bleibt! verlasset nicht die Hut
Des guten Hirten, dem ihr euch gegeben;
So bittet euch und fleht durch Christi Blut
Ein Lehrer, der nichts wünscht als euer Leben.
Er ruft, weil ihn die heiße Liebe treibt:
„Bleibt, Schäflein, bleibt!"

2. O laßt ihn nicht! ihr habt euch g'nug geweigert,
Und euern Heiland lange warten lassen.
Wie lange hat er schon das Herz begehrt;
Wie hat er sich bemüht, euch recht zu fassen!
Wie sehnlich suchte euch sein Angesicht!
O laßt ihn nicht!

weil er auch Kirchendienst hatte. Wenn es begehrt wurde, gab er auch Privat-Unterricht in Sprachen. Er tat sich etwas darauf zugute, daß er einen Schüler bis zur Untersekunda gebracht hatte.

Zur Prüfung hatte ich meinen Sonntagsanzug an und meine Zipfelmütze in der Tasche. Mit mir wurden noch drei andere Gehlenbecker geprüft. Unser Lehrer war ein junger Philologe aus Pommern. Er fing mit uns lateinisch, griechisch, französisch und englisch zugleich an; ein Unverstand, der unverzeihlich war, und den wir büßen mußten. Deutschen Sprachunterricht hatten wir so gut wie gar nicht gehabt und sollten nun vier fremde Sprachen mit einem Male lernen. So wurde mir von dem allen so dumm, als ginge mir ein Mühlrad im Kopfe herum. Ebenso verzweifelt wie wir, war unser Lehrer, so daß er eines Tages sagte: „Was soll ich bloß mit euch Bauern anfangen?" Hätte mir ein Mitschüler, der schon ein Jahr lang lateinisch beim Rektor M. gelernt hatte, nicht geholfen, ich wäre verzagt. Aber Tränen habe ich anfangs vergossen.

Als der Lehrer uns die griechischen Göttersagen erzählte, wurde ich traurig, weil ich alles für bare Münze nahm und es mit meinem Christenglauben nicht vereinigen konnte. Eines Tages wurde ich aber wieder froh, als ich hörte, das wären alles nur Sagen und nichts dahinter.

Lange brauchte sich der Lehrer nicht mehr mit uns zu ärgern, denn er machte sich unmöglich und mußte Lübbecke verlassen.

Sein Nachfolger wurde Dr. Lenz, ein Sachse. Er fing seine Sache klüger an. Von den Sprachen ließ er sofort englisch und griechisch fallen. Sein Unterricht war sehr interessant. Außer ihm habe ich nur zwei Lehrer auf dem Gymnasium gehabt, bei denen ich ebenso gern lernte wie bei ihm. Ihm verdanke ich zwei Jahre meines Lebens, denn in knapp zwei Jahren hat er mich so weit gebracht, wozu man sonst vier Jahre gebraucht. Einige Stunden Latein hatten wir später noch bei dem alten Rektor. Von ihm habe ich die einzigen Prügel in Lübbecke bekommen und dazu noch halb unschuldig. Weil ich mein lateinisches Buch vergessen hatte und mit einem anderen einsehen mußte, schickte er mich fort, das Buch von einem Mitschüler zu holen, der fehlte. Ich ging bis an das Haus, scheute mich aber, hineinzugehen, weil mehrere Familien darin wohnten und ich die Wohnung des Mitschülers nicht wußte. So ging ich ohne das Buch wieder in die Schule und sagte, ich wüßte die Wohnung nicht. Das war nur halb wahr, wie der Rektor bald herausbrachte. Nun sagte er, ich hätte gelogen und verabfolgte mir mit seinem Türkensäbel, wie wir seinen Rohrstock nannten, einige Schläge, von denen ich fast nichts fühlte, weil der Arm, mit dem er schlug, steif war. In der Stunde unterbrach er noch etliche Male den Unterricht, um mir meine Sünde vorzuhalten, die mir gar nicht so schlimm erschien. Seine Worte haben mir aber Eindruck gemacht, denn ich weiß sie noch heute.

Der Dr. L. hatte mich besonders ins Herz geschlossen. Woher das kam, weiß ich nicht. Er gab mir ungebeten Privatstunden. Einmal ließ er mich sogar Sonntag morgens vor der Kirche kommen, weil er sonst keine Zeit hatte. Geld, welches wir ihm anboten, wollte er nicht haben. Denn, sagte er, wenn er sich die Stunden bezahlen ließe, wollten andere auch welche haben, und dazu hatte er keine Lust.

Als wir beide Lübbecke längst verlassen hatten, habe ich doch die Verbindung mit ihm aufrecht erhalten. Auf eine Sendung von mir bedankte er sich mit einem Taschenmesser, welches ich heute noch gebrauche. Ein Stück an demselben ist bis jetzt noch nicht dazu benutzt, wozu es bestimmt ist: ein kleiner Haken zum Öffnen von Champagner-Flaschen. In Iserlohn, wohin er von Lübbecke kam, bin ich einmal sein Gast gewesen. Ich werde ihn nicht vergessen.

Im Sommer 1869 machten wir auf zwei, von Lübbecker Bürgern gestellten Leiterwagen eine Turnfahrt nach dem Dümmer See. Als wir ins Hannoversche kamen, sangen wir einmal über das andere: „Ich bin ein Preuße...", um die „Mußpreußen" zu ärgern. Fein war das nicht. Die Leute merkten auch unsere Absicht und drohten uns mit Fäusten. Ein Lübbecker Kaufmann, Vater eines Mitschülers, hatte so viel Saft geschenkt, daß wir Limonade trinken konnten, soviel wir wollten. Auf dem See machten wir eine Bootfahrt. „Haltet den Hecht!" scherzten einige, „sonst springt er ins Wasser." Damit meinten sie einen Mitschüler, der so hieß. Der Hecht dachte nicht daran, ins Wasser zu springen. Er ist 75 Jahre alt geworden und vor nicht langer Zeit gestorben.

Als die Pflaumen reif waren, flog einmal während des Unterrichts ein Pflaumenkern aufs Pult. Weil der Täter sich nicht meldete und niemand wußte, wer es war, wurde die ganze Klasse bestraft, indem wir täglich eine Stunde nachsitzen mußten. Die Sache wurde allmählich Stadtgespräch. Hätten wir den Täter gewußt, wir hätten ihn angezeigt oder verprügelt, denn das Nachsitzen wurde uns allmählich langweilig. Nach etwa einem Vierteljahr mußte der Lehrer klein beigeben, da die Erreichung seines Zwecks aussichtslos war. Was man nicht durchsetzen kann, soll man nicht anfangen. Und es ist unbillig, so viele Unschuldige um eines Schuldigen willen leiden zu lassen.

Ein jüdischer Mitschüler wollte gern wissen, was in unserer Religionsstunde vorkam. Den Lehrer um die Erlaubnis der Teilnahme zu bitten, wagte er nicht. Weil wir damit einverstanden waren, legte er sich auf den Boden und ließ sich zudecken. Als die Stunde zu Ende war, verrieten ihn etliche, indem sie immer auf die Stelle sahen, wo er lag. Dadurch wurde der Lehrer aufmerksam, und so mußte der Versteckte seine Neugier mit einer Tracht Prügel büßen.

Die Lübbecker Schüler sahen mit einiger Überhebung auf uns herab. „De dumme Bur" war bei ihnen eine gewöhnliche Rede. In dem Schlußexamen, welches am Ende des Schuljahres öffentlich abgehalten wurde, konnte sich „de dumme Bur" neben dem Städter getrost sehen lassen. Infolge der verächtlichen Behandlung lebten wir Gehlenbecker mit den Lübbeckern oft in Fehde. Auf dem Heimwege verfolgten die Gegner uns, und wir lieferten ihnen förmliche Schlachten, obwohl wir bedeutend in der Minderzahl waren.

Auch sonst trieben wir auf dem Heimwege unerlaubte Dinge. Als das Obst eßbar war, wurden die Bäume an der Chaussee geplündert. Ich suchte den Weg des Rechtes insofern zu wahren, als ich nur von den Bäumen nahm, die an unserem Acker im Lübbecker Felde standen, und deren Zweige über unser Land hingen, denn ich hatte gehört, das dürfe man, wobei es sich allerdings bloß um Fallobst handelte. Dabei wurden wir eines Tages von dem Flurschützen erwischt, der unsere Namen aufschrieb. Am folgenden Tage erfuhr ich von dem Polizeidiener, der aus Gehlenbeck stammte, was der Bürgermeister an unseren Lehrer schrieb. In der nächsten Stunde las Dr. Lenz den Brief der ganzen Klasse vor. Darin stand, daß der Schreiber in Anbetracht unserer Jugend von einer Polizeistrafe absehen wolle und dem Lehrer überlasse, unsere Übeltat zu ahnden. Meine Entschuldigung mit unserem Acker wurde nicht angenommen, und als der einzige griechisch Lernende mußte ich alle Formen des Wortes *kleptein* aufschreiben, welches auf deutsch „stehlen" heißt. Schläge bekamen wir nicht. Eine beliebte Unterhaltung unterwegs war das Spielen mit Pulver. Wir schütteten es in einen alten Schlüssel, den wir in die Erde gruben, und steckten es an, was einen tüchtigen Knall gab. Oder wir machten „Zissemännchen", wie wir das nannten. Das Pulver wurde etwa einen Meter lang auf die Erde geschüttet und dann angezündet, was laut zischte. Zuletzt war das einem zu langweilig. Er schüttete weiter, als das Pulver schon angezündet war. Aber die Entzündung ging schneller vorwärts als das Schütten, und ehe er sich versah, sprang das Pulverhorn mit großem Knall in viele Stücke. Die Hand blutete stark. „Ick mott steerben, ick mott steerben", jammerte der Betroffene. Einem anderen war das Zeug zum Teil versengt. Der Verwundete lief, so schnell er konnte, in die Stadt zurück und log dem Arzte vor, er wäre in Glas gefallen. Die Entschuldigung, mit der er am folgenden Tage in der Schule fehlte, war ebenfalls erfunden.

Während unseres zweiten Schuljahres brach der französische Krieg aus. Gleich nach Kriegsbeginn wurde in Minden ein neues Fort gebaut. Obgleich wir des Vorsteher-Amtes wegen nicht zu fahren brauchten, spannten wir doch mit dem Nachbarn zusammen. Weil wir Ferien hatten, durfte ich mit. Wir mußten lange Bäume vom Simeonsplatz nach der Stelle des neuen Forts fahren. Ich mußte die Pferde leiten, und so kam es, daß das Pferd des Nachbarn mich auf den Fuß trat, was nicht wenig schmerzte. Das ist das einzige, was ich für das Vaterland gelitten habe.

An diesem Tage kam die erste Siegesnachricht von der Schlacht bei den Spicherer Höhen. Die Nachrichten vom Kriegsschauplatze kamen jetzt nach Lübbecke durch den Telegraphen. Mein Großvater bekam immer amtliche Nachrichten, und ich war der Postbote. Wenn die Schule aus war, ging ich auf die Schreibstube des Bürgermeisters, der zugleich Amtmann von Gehlenbeck war, und holte die Sieges-Depesche, welche fast jeden Tag vorhanden war.

Am 3. September waren wir in der Schule fleißig bei der Arbeit, als der Gerichts-Direktor P., sonst ein gemessener Mann, die Tür aufriß und zu unserem Lehrer sagte: „Lassen Sie die Jungens doch laufen! Wir haben ihn ja." Wen, das kam jetzt heraus. Natürlich war von Schulehalten jetzt keine Rede mehr. Ich holte meine Depesche, und wir rannten nach Hause, indem wir allen Begegnenden das unerhörte Ereignis zuriefen. In Gehlenbeck eilten sie auf den Turm, um durch Glocken den Sieg zu verkünden, wie Emanuel Geibel gesungen hat: „Nun laßt die Glocken von Turm zu Turm, durchs Land frohlocken im Jubelsturm." Auf dem Turm sangen sie: „Nun danket alle Gott." Ein Böttcher, der von Religion nicht viel hielt, sang begeistert mit.

Die Sieges-Depeschen nagelte ich an das Brett, an dem die öffentlichen Bekanntmachungen hingen. Den Hammer lieh mir der Eigentümer des Hauses, wofür er die Nachricht auch als erster zu lesen bekam. Ich höre immer noch, wie

Napoleon gefangen!
Freitag, 2. September 1870. — Sedan. 39. Depesche.

39ste Depesche
vom
Kriegs-Schauplatz.

Der Königin Augusta in Berlin.

Vor Sedan, den 2. September, ½ Uhr Nachm.

Die Capitulation, wodurch die ganze Armee in Sedan kriegsgefangen, ist soeben mit dem General Wimpfen geschlossen, der an Stelle des verwundeten Marschalls Mac-Mahon das Commando führte. Der Kaiser hat nur sich selbst Mir ergeben, da er das Commando nicht führt und Alles der Regentschaft in Paris überläßt. Seinen Aufenthaltsort werde Ich bestimmen, nachdem Ich ihn gesprochen habe in einem Rendezvous, das sofort stattfindet.

Welch' eine Wendung durch Gottes Führung!

Wilhelm.

Berlin, den 3. September 1870.

Königliches Polizei-Präsidium.
von Wurmb.

Druck v. Ernst Pirch's Königlichem Hofbuchdrucker. Adlerstr. 6.

Photographische Nachbildung des Originaldruckes.

185ste Depesche vom Kriegs-Schauplatz.

Offizielle militärische Nachrichten.

Versailles, den 26. Februar.

Der Kaiserin-Königin in Berlin.

Mit tiefbewegtem Herzen, mit Dankbarkeit gegen Gottes Gnade zeige Ich Dir an, daß soeben die Friedens-Präliminarien unterzeichnet sind. Nun ist noch die Einwilligung der National-Versammlung in Bordeaux abzuwarten.

Wilhelm.

Berlin, den 27. Februar 1871.

Königl. Polizei-Präsidium (v. Wurmb)

Druck von Ernst Litfaß, Königlichem Hofbuchdrucker, Adlerstr. 6.

er den Namen des unterschriebenen General-Quartier-Meisters v. Podbielski verhunzte. Bei ihm hieß er nämlich regelmäßig v. Poblitzki.

Während des Sommers fuhren wir einmal nach Minden, um die französischen Gefangenen zu sehen. Es traf sich, daß sie gerade in den Dom zum Gottesdienst geführt wurden. Ein deutscher Priester hielt eine französische Predigt. Wer aber nicht zuhörte, das waren die Franzosen. Ich erinnere mich nicht, in einem Gottesdienste eine solche Zerstreutheit der Teilnehmer gesehen zu haben, wie in diesem. In der ganzen großen Gesellschaft waren es nur die Offiziere, welche sich anständig betrugen. Die Soldaten taten, als wenn sie sagen wollten: Das geht uns nichts an.

Nachmittags sah ich, wie drei Franzosen begraben wurden. Die Träger, Franzosen, gingen in Holzschuhen. Auf dem Friedhofe betrugen sie sich anständig und knieten sogar nieder. Die Grabrede wurde zuerst deutsch und dann französisch gehalten, denn die Muttersprache eines Teiles der Gefangenen war deutsch. Der erste Satz der Rede lautete: „Kameraden! Wenn auf dem Schlachtfelde der Kanonendonner verstummt, und wenn die Ruhe wiedergekehrt ist, sind wir nicht mehr Feinde, sondern Freunde." Das stimmt nicht.

Nach Ostern 1871 habe ich in Gütersloh noch einmal Franzosen gesehen, als sie nach Hause fuhren. Weil der Zug in Gütersloh hielt, fingen die Franzosen gleich einen Handel an, um Zigarren dafür einzutauschen.

Vier Jahre nach dem Brande geschah in unserem Dorfe ein Mord. Ein Junge von 18 Jahren hatte seine Stiefmutter, als sie im Ofen Feuer anstecken wollte, mit dem Beil erschlagen. Er wurde an demselben Morgen verhaftet. Ich sah, wie er mit geschlossenen Händen in das Rathaus gebracht wurde, in dem unsere Schule sich befand. Das Zeugnis seines Großvaters, unseres Heuerlings, rettete ihn vor der Todesstrafe, weil er besagte, daß die Stiefmutter ihn unfreundlich behandelt hätte.

Die Verrohung der Jugend zeigte sich in besonders auffälliger Weise in den Jahren nach dem großen Kriege, den sog. Gründerjahren, welche man auch Schwindeljahre nennen kann. Es war so schlimm, daß man sich abends scheute, dahin zu gehen, wo die Wirtshäuser lagen. Schlägereien Betrunkener waren an der Tagesordnung. Von einer segensreichen Wirkung des Brandes und des siegreichen Krieges war nichts zu merken.

3. In Gütersloh

Wenn ich auf meine Lübbecker Schulzeit zurücksehe, dann kann ich nicht anders, als Gott danken für alles Gute, was ich in Lübbecke empfangen habe.

Auf dem Gymnasium. Ostern 1871 kam ich auf das Gymnasium nach Gütersloh. Die Fahrt dahin war meine erste Eisenbahnfahrt. Die 4. Klasse hatte damals noch keine Fenster, sondern Ledervorhänge, welche Regen und Schnee durchließen. Sitzplätze waren nicht vorhanden. Als mein Vater die damals noch neue Eisenbahn benutzte, hatte die 4. Klasse nicht einmal ein Dach.

Ein Sohn unseres Kantors und ich wurden für Obertertia geprüft. Die Prüfung dauerte nur zwei Stunden und war wenig gründlich, sonst hätten wir sie nicht bestanden. Denn wir waren für die Klasse nicht reif.

Wohnung fanden wir bei einem Eisenbahn-Arbeiter und bezahlten für Kost und Bedienung ganze 85 Taler. Kein anderer Schüler wohnte so billig. Ich kam mir plötzlich wie ein Herr vor, als meine Stiefel mir gewichst wurden. Das hatte ich nicht erwartet und mir deshalb Wichse und Bürste mitgebracht. Es ist nicht gut, Kinder zu verwöhnen. Der Reichsfreiherr v. Seld duldete nicht, daß seinen Kindern die Schuhe geputzt wurden, denn, sagte er, ich weiß nicht, ob ihr euch später einen Bedienten halten könnt.

Die Seele der Schule war der Anstalts-Geistliche, Pastor Braun. Er war klein von Person, weshalb er „Pastörken" hieß, aber eines großen Geistes. Sein Unterricht war immer interessant. In Obersekunda gab er auch Deutsch. Seine Aufsatzthemen waren so eigenartig, daß man in der Stadt davon redete. Er liebte den Scherz, ohne selbst dabei zu lachen. Er freute sich, wenn wir herzlich fröhlich waren.

Seine Predigten zwangen zum Aufpassen. Jede war ein Kunstwerk. Die Einteilung hatte oft ein Wortspiel. So hießen z. B. die drei Teile einer Predigt über das kanaanäische Weib: 1. Das Vorurteil, welches sie überwinden mußte. 2. Das Urteil, welches sie zu hören bekam. 3. Das gute Teil, welches sie empfing. Ich habe nachher viele berühmte Kanzelredner gehört, aber ich gebe ihm vor allen den Vorzug. Nicht selten kam es mir vor, als ob er mich persönlich meinte. Wenn ein Schüler Krach mit einem Lehrer hatte, war es Braun, vor den die Sache gebracht wurde und der sie wieder einrenkte. Es werden nur wenig Schüler gewesen sein, denen er nicht in seelsorgerischem Verkehr gedient hat. Er war von Natur jähzornig. Seinem scharfen Auge entging es nicht, wenn Schüler ihn betrogen, aber in fünf Jahren habe ich nicht gesehen, daß er zornig wurde. Er war sehr streng mit seinen Anforderungen. Was er aufgab, mußte gelernt werden. Wer im Ketechismus steckenblieb, mußte das ganze Hauptstück abschreiben. Wer einen Spruch nicht konnte, schrieb die ganze Seite des Spruchbuches ab, auf der er stand. Mit den Kirchenliedern war es ähnlich. Es gab solche, die den ganzen Gedächtnisstoff schriftlich hatten. Sie konnten dasselbe Stück aber nicht zweimal vorzeigen, weil es eingerissen war.

Lokomotive „Wesel" (1852 von Borsig gebaut) war bis 1884 auf der Strecke der Cöln-Mindener Eisenbahn im Einsatz, die auch durch Gütersloh führte.

Der Direktor Klingender sah es ohne Neid, daß Braun bei den Schülern vor allen Lehrern an erster Stelle stand. Als er die erste Predigt von Braun gehört hatte, sagte er zu den Seinen: Hier ist gut sein. Von ihm habe ich gelernt, was in Ordnung ist. Er wurde böse, wenn der Klassenstuhl nicht parallel mit der Wand stand, oder wenn ein Bild schief hing. Wenn ich etwas Ähnliches sehe, muß ich an ihn denken. Bei gewissen Versehen der Schüler machte er immer dieselbe Bemerkung. Das hörte sich an wie Kleinlichkeitskrämerei. Aber wenn ein Lehrer kein Kleinlichkeitskrämer im rechten Sinne ist, erreicht er wenig. Er war von unbestechlicher Gerechtigkeit. Und dafür haben Schüler ein feines Gefühl. Wenn der beste Schüler einen Tadel verdiente, bekam er ihn. Ein Oberlehrer gab unserem Primus, seinem Liebling, einen mißglückten lateinischen Aufsatz nicht vor der Klasse zurück, um ihm den Tadel zu ersparen, sondern brachte ihm das Heft ins Haus, und zwar zu einer Zeit, wo er nicht zu Hause war, um ihn nicht zu treffen. Einmal kam ein Tanzlehrer zu dem Direktor mit der Bitte, den Schülern die Teilnahme an einem Tanzkursus zu erlauben, weil sonst der Kursus kaum zustande gekommen wäre. Als er sein Anliegen vorgebracht hatte, fragte der Direktor: „Wünschen Sie sonst noch was?" Die Frage wurde verneint. „So, dann wären wir ja schon fertig", sagte er und entließ den Mann. Besonders ist mir sein oft wiederholter Rat in der Erinnerung haften geblieben: Nur keine Feinheiten! Er war immer für Einfachheit und Schlichtheit im Ausdruck. Kurz vor unserem Abgange wurde er krank und konnte uns nicht mehr entlassen. Er starb im nächsten Vierteljahre.

Meine einzige Strafe habe ich in Gütersloh von dem Professor Sch. bekommen. Beim Übersetzen mußte einer mein Buch mitbenutzen. Als er etwas nicht wußte, sagte ich ihm vor. Sch., der schlecht hörte, hatte es an meinen Lippen gesehen.

„Halt!", rief er, „Husemann, eine Gewissensfrage: Haben Sie vorgesagt?" Ich sagte: „Ja" und wurde mit einer Stunde Nachsitzen bestraft. Als die Zeit um war, und der Lehrer nicht kam, um mich herauszulassen, ging ich durchs Fenster. Nachher entschuldigte er sich.

Ein Mann mit zwei Seelen war der Professor Z. In der Schule war er zuweilen ungenießbar, und wenn man ihn besuchte, war er die Liebenswürdigkeit selber. Ein Gelehrter war er nicht, aber bedürftigen Schülern hat er viel Gutes getan. Damit die Bänke in der Aula Lehnen bekämen, verzichtete er auf einen Teil seines Gehalts. Weil er sich darüber aufgehalten hatte, daß wir den Pedell Pudel nannten, bekam er den Spitznamen von einem Hunde mit krummen Beinen, obgleich die seinigen grade waren.

Es ist der Vorteil der Gütersloher Schule, daß der Vorstand die Lehrer wählt. So ist das Lehrer-Kollegium aus einem Guß. Wenn einmal einer hineingeriet, der nicht hineingehörte, schied er bald wieder aus.

Das Gymnasium und die Gütersloher gehören zusammen. Der Graf K. sagte einmal zu dem Superintendenten Huchzermeier, dem Mitbegründer des Gymnasiums, das Geld zu einem freien Gymnasium bekämen sie in Pommern zusammen, aber sie hätten keine Stadt, wo sie es errichten könnten. Die gute alte Gütersloher Art lernte ich bei dem alten Schuster K. kennen, der bei der Erweckung zu Volkenings Zeit Segen empfangen hatte. Als ich ihn besuchte, um ihm Grüße von Pastor M. zu bringen, redete er mit mir über Ziegendorfs Theologie, welches die einzig richtige wäre. Bei einem Jubiläum der Schule besuchte ich die drei Frauen, bei denen ich während meiner Schulzeit gewohnt hatte. Nach einigen Minuten waren wir ganz von selbst in einer geistlichen Unterhaltung.

Nach zwei Jahren sagten wir beiden Stubengenossen zu einander wie Abraham zu Lot: Lieber, scheide dich von mir, sonst bleiben wir keine Freunde. Ich zog zu einem Kohlenhändler. Als es noch keine Eisenbahn gab, hatte er ein großes Fuhrgeschäft gehabt und war zuweilen ein Jahr und länger von Hause fort. Seine Wagen fuhren nach Köln und Breslau, Königsberg, Berlin und Stettin. In Berlin, sagte er, könnte ich ihn an jede Straßenecke stellen, er würde sich zurechtfinden. Einmal wäre er durch Gehlenbeck nach Renkhausen gefahren und hätte einen Richtweg benutzt. Da gerieten seine rechten Wagenräder in einen Graben, aus dem die Pferde den Wagen allein nicht wieder auf den Weg bringen konnten. Er bat Bauern um Vorspann. Die sagten aber, wenn er am Sonntage führe, könne er auch sehen, wie er weiterkomme, und halfen ihm nicht.

Bei diesem Wirt hatten zwei Mitschüler und ich nur die Wohnung, keine Kost. Die Neben-Mahlzeiten besorgten wir uns selbst. Mittags aßen wir anderswo. Einmal kauften wir uns bei einem Bauern einen Pumpernickel, der 24 Stunden im Backofen gesessen hatte und 50 Pfund wog. Wir mußten ihn zu zweien tragen. Die Kruste war einige Zentimeter dick, und wir hatten unser liebes Tun, eine Schnitte davon zu kriegen. Das Brot wurde schimmlig, ehe wir es verzehrt hatten. Die beiden kleinen Jungens unseres Wirts, die ihm in seinem Alter geboren waren, wußten, daß wir immer Brot hatten. Wenn sie hungrig waren und zur Mutter nicht schon wieder gehen mochten, kamen sie und baten: „Onkel, gib mich en Butter." Zuweilen nahmen sie in unserer Abwesenheit, was ihnen schmeckte, und dachten nicht daran, die Spuren zu verwischen.

Das erste Schuljahr war für mich eine Plage, weil ich nicht genügend vorbereitet war. Der Direktor, welcher uns besuchte, war unzufrieden, als wir ihm gestanden, daß wir zum Spazierengehen keine Zeit hätten, und der Klassenlehrer drohte, uns wieder nach Untertertia zu versetzen. Weihnachten mußte ich zu Hause einen Zettel unterschreiben lassen, auf dem stand, wenn ich in den Hauptfächern nicht fleißiger wäre, würde ich nicht versetzt. Fleißiger sein war mir platterdings unmöglich. Insofern hatte der Zettel unrecht. Ich nahm bei einem Obersekundaner, der in unserem Hause wohnte, Privatstunden, und mit seiner Hilfe gelang es mir bald, die Lücken in meinem Wissen auszufüllen. Versetzt wurde ich, und dann hat mir das Mitkommen keine Schwierigkeiten mehr gemacht. Nur in einem Fach, der Mathematik, bin ich schwach geblieben.

Einige Tage vor Weihnachten, im zweiten Jahre, kam eines Tages mein Großvater, um mich zu holen. Den Grund nannte er zuerst nicht. Als ich ihm aber das Weihnachtsgeschenk zeigte, welches ich für meinen einige Jahre jüngeren Bruder arbeitete, wurde ihm doch eigen zu Mute. Der Bruder war nämlich vom Boden gestürzt und drei Tage danach gestorben. Zu Hause traf ich die Stube voller Nachbarn, welche die Totenwache hielten. Das war damals so Sitte. In anderen Häusern bekamen sie Branntwein, aber bei uns nicht. Die Totenwache sollte ein Trost für die Leidtragenden sein, war aber eher eine Last.

Dieser Bruder und ein Nachbarjunge waren dabei gewesen, als ich vor Jahren im Berge die Zweige von geschlagenen jungen Lärchen abhauen mußte. Die beiden spielten um mich herum, und ich achtete nicht darauf, daß der Nachbar sich dort zu schaffen machte, wo mein Beil hinfuhr, wenn ein Zweig abgeschlagen war. So kam es, daß ich ihm unversehens ein Loch in den Kopf schlug. Erst meinte ich, es würde schlimm ablaufen, denn helfen konnten wir uns nicht, und es blutete stark. Allerdings hätte es sein Tod sein können, wenn der Schlag stärker gewesen wäre. Und ich war doch ganz unschuldig daran, denn die Zweige hatten den Jungen verdeckt. Bei meiner Mutter hatte ich Mühe, vor Prügeln herzukommen, denn sie wollte verhüten, daß der Nachbar uns böse würde. Dem kleinen Nachbarn hatte ich einmal einige Bickbeer-Sträucher gegeben, als ich vom Berge wiederkam. Sein Vater, der das sah, fragte ihn, ob er nicht was abbekäme. Da pflückte er eine und sagte: „Dä, biet off".

In der Obersekunda wurde die Schwerhörigkeit des Klassenlehrers, Professor Sch., von einigen Schülern dazu ausgenutzt, um Dummheiten zu machen. Es war oft schwer, sich das Lachen zu verbeißen. Weil der Lehrer mir das ansah, sagte er einmal: „Husemann, tun Sie den Schurken doch nicht den Gefallen, daß Sie lachen."

In Prima hatten wir das Vorrecht, in einer Gartenwirtschaft, eine halbe Stunde von der Stadt, des Sonnabends nachmittags einige Stunden Bier zu trinken und zu rauchen. Es wurde auch fleißig gesungen und der Gesang auf eigenem Klavier begleitet. Auch Gedichte wurden vorgelesen, welche von Primanern stammten und gewöhnlich Ereignisse der letzten Woche behandelten. Dabei wurden die Schwächen der Lehrer nicht geschont. So hatte der jugendliche Übermut ein Ventil. „Die Jugend muß vertobt sein, aber nit bös", sagte der alte Flattich. Nach einem Jahre wurden die Gedichte grün eingebunden, und das Ganze hieß die „Grüne Weide". Kein Lehrer durfte an unserer Versammlung teilnehmen, und wenn es einmal einer wollte, bat er um Erlaubnis.

Was die Jugend wichtig nimmt, haben wir einmal damit bewiesen, daß wir stundenlang darüber redeten, ob es eines Primaners würdig wäre, in unserer Versammlung Zigarren zu rauchen. Die Pfeife behielt den Sieg, und eine Kommission wurde gewählt, die den Tabak auf Kosten der Prima beschaffen mußte. So konnte jeder rauchen, soviel er wollte. Weil ich zu der Tabakkommission gehörte, habe ich einmal mit einem Mitschüler einen Sack Tabak vom Bahnhof geholt. Wenn es uns bei Pfeife und Bier auch noch so gut gefiel, die Zeit wurde nie über das gesetzte Maß ausgedehnt. Als ich Student war und noch keinen Anschluß an Gleichgesinnte gefunden hatte, habe ich Heimweh nach Gütersloh gehabt, nicht nach der Schulbank, sondern nach den Versammlungen der Prima bei Bertels, so hieß nämlich der Wirt.

In der Prima wurde auch Zucht geübt. Einmal wurde einem Primaner, der bei einer Aufführung mitwirkte, Geld gestohlen, und ein anderer, der auch mitgespielt hatte, machte plötzlich auffallende Ausgaben, so daß der Verdacht sich auf ihn lenkte. Unser Primus stellte ihn vor die Wahl, entweder sich von dem Verdachte zu reinigen, oder sofort abzugehen. Er bestellte mitten im Vierteljahr sein Abgangszeugnis und verschwand. Und das Beste dabei war, daß kein Lehrer und kein Schüler außer der Prima erfuhr, warum er abging. Nun konnte er auf einer anderen Schule ein neues Leben anfangen.

Auch an den Lehrern übte die Prima Zucht. Der Direktor R. hatte die Gewohnheit, die Hände in den Hosentaschen, den Daumen über der Tasche zu drehen. Am Anfang einer Stunde saß die ganze Prima auch so und drehte den Daumen. „Ich danke Ihnen", sagte der Direktor und tat es nicht mehr. Der Direktor K. hatte sich soweit vergessen, daß er einem Primaner eine Ohrfeige gab. Der Schüler forderte, daß der Lehrer ihn vor der Klasse um Verzeihung bat, und er tat es. Seinem Ansehen hat das nicht geschadet.

Im August 1875 nahmen wir und die Obersekunda an der Einweihung des Hermannsdenkmals teil. Von Brackwede an mußten wir gehen, denn ganz Lippe hatte damals noch keine Eisenbahn. Wir schliefen bei einem Bauern in einem Stall auf Stroh. Für zwei Nächte und vier Mahlzeiten bezahlten wir 2 Mark. In Detmold waren die Preise unerschwinglich. Der Schlaf wurde stundenweise bezahlt, so sagte man. Der Hermann wurde ja nur einmal enthüllt.

Vor der Einweihung nahm der alte Kaiser Wilhelm die Parade über das Detmolder Bataillon auf dem Schloßplatze ab. Auf der Straße davor drängten sich die Menschen so, daß man mit den Füßen nicht auf die Erde kam. Man konnte die Hand nicht an den Kopf bringen. Die Isabellen des Fürsten, wahre Prachtpferde, brachten den Kaiser und den Fürsten im Trabe auf die Grotenburg. Durch Laufen und die Benutzung von Richtwegen machten wir es möglich, den Kaiser zweimal zu begrüßen. Ich sehe noch, wie der Kaiser den Erbauer des Denkmals, Ernst Bandel, der den größten Tag seines Lebens hatte, zu sich kommen ließ und ihm die Hand gab. Bandel wurde geadelt. Er hatte in seinem ganzen Leben nur den einen Gedanken verfolgt, dem Befreier Deutschlands ein Denkmal zu setzen. Nun konnte der Einiger Deutschlands den Befehl zum Fallen der Hülle geben. Die Verkäufer von Eßwaren und Trinkbarem machten glänzende Geschäfte und die von Berlin extra herübergekommenen Taschendiebe ebenfalls. Es war so, wie wir in dem letzten Verse des bekannten Scheffel-Liedes, den Scheffel nicht gedichtet hat, sangen:

> *Und zu Ehren der Geschichte*
> *hat ein Denkmal man errichtet.*
> *Hermann ist jetzt aufgestellt,*
> *zusammenkommt die ganze Welt*
> *in dem Lippschen Reiche.*

Als wir die schriftlichen Arbeiten bei der Abgangsprüfung hinter uns hatten, ließ mich der Mathematik-Lehrer zu sich kommen. Du hast gemogelt, sagten einige. Das wußte ich besser. Er zeigte mir meine Arbeit und fragte, indem er auf das Ergebnis zeigte: „Welche Sybille (Wahrsagerin) hat Ihnen gesagt, daß das herauskommt?" „Das habe ich herausgerechnet, Herr Professor", antwortete ich. „Das erklären Sie mir mal." Ich erklärte ihm, wie ich mir die Sache gedacht hatte. „Nun müssen Sie doch zu meiner Ehre annehmen", meinte er, „das konnte ich nicht herausfinden." Allerdings konnte er das nicht, denn er dachte richtig, und ich hatte verkehrt gedacht. Da fragte ich, wie es zugehe, daß ich trotz der verkehrten Rechnung doch das richtige Ergebnis herausbekommen habe. Er fragte mich, welchen Weg ich ginge, wenn ich nach Isselhorst wolle. Ich beschrieb den Weg. „Nun denken Sie mal", fuhr er fort, „Sie nähmen eine Axt und gingen durch die Gärten. Wenn Sie vor eine Hecke kommen, schlagen Sie ein Loch hinein und so immer wieder. Können Sie auf diese Weise wohl nach Isselhorst kommen?" „Es kann glücken", sagte ich. „Sehen Sie, so haben Sie es auch gemacht. Alle Regeln durchschlagen und doch zum Ziele gekommen." Ich war zufrieden, denn die anderen Arbeiten in diesem Fache waren richtig; das erste Mal in zwei Jahren.

Zur mündlichen Prüfung war der katholische Schulrat gekommen, weil der evangelische krank war. Von diesem hatte man frei nach Schiller den Vers gedichtet:

> *Schrecklich ist's den Leu zu wecken,*
> *Gefährlich ist des Tigers Zahn,*
> *Doch der schrecklichste der Schrecken,*
> *Das ist der Schulrat Suffrian.*

Der katholische Herr lobte unsere vorzüglichen Leistungen sehr. Vieren wurde die mündliche Prüfung erlassen. Die Treppe hinunter machte einer so große Sprünge, daß er den Fuß verstauchte. Es hat ein Vierteljahr gedauert, bis die Folgen verschwunden waren. Als ich nach Hause kam, es war gerade mein Geburtstag, brachte mir der Postbote meine erste Uhr. Ich hatte schon eine geerbte, aber sie ging bloß, wenn sie warm gehalten wurde. Deshalb legte ich sie nachts unter das Kopfkissen, dennoch versagte sie oft, so daß ich sie nicht mehr trug.

Ich telegraphierte nach Hause: „Durch." Als man den Postboten fragte, was für ein „Dingen" das wäre, nannte er eine Familie, welche neulich ein eben solches bekommen hatte. Es war eine Todesnachricht gewesen. Daraus machte meine Mutter den Schluß, daß in diesem „Dingen" etwas Ähnliches stände und fing an zu weinen. „Wir wollen doch erst mal sehen, was darin steht", sagte mein Vater. Aus dem einen Wort konnten sie nun freilich auch nicht klug werden, denn an das Examen dachten sie nicht. Sie gingen zum Kantor, dessen Sohn auch im Examen saß, und der half ihnen auf die Sprünge. Acht Tage mußten wir noch auf der Schulbank sitzen. Aber die Lehrer erlebten wenig Freude an uns. Zuletzt waren von zwölf noch sechs da. Am letzten Morgen fehlte ich in der ersten Stunde auch, weil ich meinen Vater und seinen Bruder an die Bahn begleiten wollte, die mich zum ersten Mal besucht hatten. Ich hatte den stellvertretenden Direktor um Erlaubnis gebeten, nicht aber den Professor M., der die Stunde hatte. Beim Beginn der zweiten Stunde stand ich auf, um mich zu melden. Der Lehrer sah mich nicht. Nun wußte ich, was die Uhr geschlagen hatte. Vor der dritten Stunde wartete ich vor der Tür auf ihn. Und nun mußte ich eine Strafrede über mich ergehen lassen, wie ich in den fünf Schuljahren keine bekommen hatte, obgleich es die zweite Stunde war, die ich in der ganzen Zeit gefehlt hatte. „Wir Lehrer unterrichten nicht, um Dankbarkeit zu ernten, dann wären wir Narren." Er redete von einer gewissen Verrohung. Dabei stand ihm der Schweiß im Barte. Er war zuckerkrank. Das wußten wir, und damit entschuldigte er seine Heftigkeit. Nach der Stunde hielt er allen diese Rede noch mal, welche die verdient hatten, die nicht da waren. Dann eröffnete er uns, daß wir nach Hause fahren könnten, aber bis zur Entlassung noch unter den Schulgesetzen ständen. Dann stellte ich den Lehrer noch einmal zur Rede und erklärte ihm mein Fehlen. Er war jetzt ruhiger und nahm seinen Vorwurf so ziemlich zurück. Bei der Entlassung sagte der Prorektor Professor Sch., der Herr Schulrat hätte uns so sehr gelobt, daß er uns wohl einen kleinen Dämpfer aufsetzen müßte, damit wir nicht hochmütig würden. Den Direktor haben wir nicht mehr gesehen.

4. Auf der Universität

Ich ging auf die Universität Leipzig, deren theologische Fakultät damals einen besonderen Ruf hatte. Unterwegs hatten wir ein komisches Erlebnis. Als wir aus einem Sackbahnhof wieder herausfuhren, meinte eine ältere Frau, die Strecke hätten wir eben schon befahren. Daraus machte sie den Schluß, wir führen zurück. Einige Mitreisende machten sich den Scherz, der Frau vorzureden, der Lokomotivführer hätte sich verfahren. Auf der nächsten Station stiegen sie aus, um sich, wie sie sagten, das vergeblich ausgegebene Reisegeld wiedergeben zu lassen und forderten sie auf, es auch zu tun. Darauf ging sie zwar nicht ein, schimpfte aber weidlich auf die Bahnverwaltung, die einen Mann auf die Maschine stelle, der die Gegend nicht besser kenne. Erst als wir uns ihrer Heimat Können näherten, sah sie ihren Irrtum ein.

In Leipzig wohnte ich in der Altstadt vier Treppen hoch. Es konnte passieren, daß man unten war und entdeckte, daß man etwas vergessen hatte. Dann die 84 ziemlich hohen Stufen nochmal hinauf und hinunter müssen, war kein Vergnügen. Über uns wohnte der Hausmann, der die Stelle des Hausschlüssels vertrat, den wir nicht bekamen. Er schlief zu ebener Erde und mußte denen aufschließen, welche nach zehn Uhr zu Hause kamen. Dafür bekam er jedesmal 10 Pfennige.

Nirgends sind die Menschen einsamer als in einer großen Stadt. In unserem Hause kamen Geburten und Todesfälle vor, von denen wir nur zufällig etwas erfuhren oder auch nichts.

Ich schloß mich einem lutherischen Studentenverein an, der den einladenden Namen „Philadelphia" (Bruderliebe) hatte und damals nur in Leipzig sich befand, jetzt auch auf mehreren anderen Universitäten vertreten ist. Wir hatten wöchentlich einen wissenschaftlichen Abend, an dem ein Mitglied einen Vortrag hielt, zuweilen auch ein Professor. An einem Abend waren wir auf studentische Weise fröhlich.

Drei Professoren überragten die anderen an Bedeutung: Kahnis, Luthardt und Delitzsch. Kahnis war ein tiefer Denker und hatte die Gabe der klaren Darstellung. Seine Stärke war der Überblick über Zeitabschnitte und die Schilderung der führenden Persönlichkeiten. Unvergeßlich ist mir seine Darstellung von Luther und Calvin. Man sah die Männer fast vor sich stehen. Dabei hatte er immer ein Bund Schlüssel in der Hand. Sein Ende war eine Gehirnerweichung. Luthardt hatte besonders die Gabe, schwierige Fragen in faßlicher Weise zu erörtern. Seine berühmteste Vorlesung war die über Ethik. Da wurde seine Rede zuweilen so spannend, daß alle die Feder ruhen ließen, um sich nichts entgehen zu lassen. Ebenso anziehend und gehaltvoll waren seine Predigten in der Universitäts-Kirche, welche voll war, wenn er auf der Kanzel stand.

Lieber als diese beiden war mir der alte Delitzsch, nicht bloß wegen seiner staunenswerten Gelehrsamkeit, sondern wegen seiner Ehrfurcht vor dem Worte Gottes. Er las über das alte Testament. Eine Vorlesung über den Propheten

Jesaia schloß er mit den Worten: „Der Plan, welchen ich bei dieser Vorlesung verfolgt, ist der gewesen, Ihnen einen Eindruck von der Hoheit und Tiefe und Erhabenheit des Buches Jesaia, des größten alttestamentischen Propheten, zu verschaffen. Wenn mir dies gelungen ist, so möge dieser Eindruck Sie weiter durchs Leben begleiten und das Seinige dazu beitragen, um in einer Zeit, welche gegen die Heilige Schrift immer pietätloser wird, Sie dessen zu vergewissern, daß sie die Urkunde der Gedanken und Wege Gottes und das Fundament ist, auf welchem die Kirche steht, und auf welchem auch wir mit ihr stehen." Er ist der einzige Professor, den ich besucht habe, um ein Buch von ihm zu leihen, weil ich einen Vortrag in unserem Verein halten mußte. Am Tage vorher war ein Student aus dem dritten Stock auf die Straße gefallen und gleich tot gewesen. Da erzählte er eine Geschichte, welche in Erlangen passiert war. Ein Student war nach Hause gekommen, und der Hauswirt hatte ihn hereingelassen. Bald nachher klingelte es schon wieder, und derselbe Student stand wieder vor der Tür. Er hatte seinen Überzieher auf einen Knopf hängen wollen und den Mond für den Knopf gehalten, dabei sich soweit vornüber geneigt, daß er aus dem Fenster fiel. Es hatte ihm aber nichts geschadet.

Delitzsch war ein besonderer Freund der Juden-Mission. Er hat dreißig Jahre gearbeitet, das Neue Testament ins Hebräische zu übersetzen, weil es Juden gibt, die nichts lesen, was nicht mit hebräischen Buchstaben gedruckt ist. Er gab ein Blatt für die Juden-Mission heraus: „Saat auf Hoffnung". Eigenartig war es, wie er mit wissenschaftlichen Gegnern umging. Hitzig, einen freisinnigen alttestamentlichen Professor, nannte er einen „unbeschnittenen Rabbiner", weil er die berühmte Stelle Sacharja 12, 10 nach Art der Rabbiner erklärte, damit sie sich nicht auf den Heiland, sondern auf Jesaia bezöge. Von Ewald, einem anderen berühmten Professor, sagte er, daß er nicht, wie andere Sterbliche, dem Irrtum unterworfen zu sein glaube. Er war ein besonderer Blumenfreund und brachte wohl eine Blume mit in die Vorlesung. Eine Hyazinthe hat er in der Hand auf dem Bilde, welches ich von ihm besitze.

Bei Professor Hölemann, einem gelehrten Junggesellen, hörte ich lateinische Vorlesung über die Thessalonicher-Briefe. Er sprach ein vorzügliches Latein und wird wohl der letzte deutsche Professor gewesen sein, der lateinisch las. Früher waren alle Vorlesungen lateinisch. Darum gab es in Paris und Bologna deutsche Studenten.

Einmal ging ich in den Gottesdienst der „Apostolischen Gemeinde". Der Mann auf der Kanzel fing mit dem ersten Kapitel der Bibel an, und als er Amen sagte, war er bei dem letzten Kapitel der Offenbarung angelangt. Zu meiner Wirtin, welche ich für eine gute Kirchen-Christin hielt, sagte ich, solchen Unsinn hätte ich noch nie gehört, und erzählte ihr davon. Da erfuhr ich, daß sie mit ihren Söhnen selbst zu dieser Sekte gehörte. Hätte ich das gewußt!

Während eines Jahres hatte ich eine Sonntags-Schule auf einem Dorfe, eine halbe Stunde von der Stadt, die vorher auch ein Mitglied unseres Vereins gehabt hatte. Ein anderer Student, ein früherer Mitschüler, begleitete den Gesang. Die Kinder waren bis auf zwei, Kinder von Sozialdemokraten. Sie haben mir viel Freude gemacht. Im Sommer machten wir einen Ausflug, bei dem es Bier und

Hörsaal und Laboratorium des Chemischen Instituts der Universität Leipzig. Das Foto stammt aus dem Jahr 1872.

belegte Butterbrote gab. Das Bier spendete der Vater von zwei Mädchen, der eine Brauerei hatte und kein Sozialdemokrat war. Weihnachten hatten wir eine Bescherung. Was die Unterhaltung der Schule kostete, gab eine Kaufmannsfrau in Leipzig her. In der Zeit vor dem Ausflug und vor Weihnachten mehrte sich die Schülerzahl auffällig. Einige Knaben schlugen vor, in den letzten Wochen vor diesen beiden Ereignissen keine neuen mehr zuzulassen, weil sie bloß wegen des Ausfluges und der Bescherung kämen. Frau Felix, die ich deshalb fragte, war dafür, ich solle kein Kind zurückweisen, und wenn es auch nur das eine Mal da wäre. Sie ist über 90 Jahre alt geworden und hatte ihren Namen mit Recht, denn er bedeutet: die Glückliche.

In der Sonntagsschule erzählte ich den Kindern oft aus der Mission. Eines Tages kam nach der Stunde ein Junge und sagte, er wolle auch Missionar werden. Ich besuchte seine Mutter und erzählte ihr, daß mit dem Berufe eines Missionars allerlei Gefahren verbunden wären, daß es z. B. in Indien viele Schlangen gäbe. „Junge, du bleibst hier", sagte sie, und damit war die Sache abgetan.

Wenn ich den Kindern Bücher zum Lesen gab und ihre Namen aufschrieb, sahen sie, daß ich die Kurzschrift gebrauchte. Das möchten sie auch gern lernen, meinten einige Knaben. Dann kommt in mein Haus, ich will es euch lehren. Und sie scheuten den weiten Weg nicht und lernten Stenographie. Der Unterricht kostete nichts, aber umsonst wollten sie ihn nicht haben. Nach Greifswald schickten sie mir ein Trinkglas mit Deckel, welches ich noch habe. Während meines dritten Leipziger Semesters wohnte ich im Missionshause. Die Leipziger Mission hatte damals nur vier Zöglinge. Die leerstehenden Zimmer wurden an Studenten vermietet. Früher nahmen sie im Missionshaus Jünglinge auf, die in Leipzig das Gymnasium besuchten, studierten, geprüft und ausgesandt wurden. Jetzt meldeten sich keine mehr, und viele Zimmer standen leer. Nachher haben sie ein Missionsseminar errichtet. Der damalige Direktor Hardeland, ein Mecklenburger, war ein trefflicher Mann, dessen Abendandachten ich gern beiwohnte.

In den ersten Pfingstferien machte ich eine Reise (der Student sagt „Bummel") in das Mulde-Tal. Der schönste Punkt dieser Reise war die Stadt Leisnig, welche sich bald nach Luthers Auftreten dem Evangelium zuwandte. Unterwegs kam ich an der Klosterruine Nimpschen vorbei, welche früher ein Nonnenkloster gewesen war. Katharina von Bora, die später Luthers Frau wurde, war von hier entflohen. Dabei soll sie einen Schuh verloren haben, den der Wirt nahe dabei unter Glas und Rahmen seinen Gästen zeigte. Die Echtheit des Schuhes wagte die Wirtin nicht zu behaupten, sah er doch aus, wie ein moderner Ballschuh, aber bezahlen ließ sie sich das Besehen doch. So viel Interessantes ich auch auf der Reise gesehen habe, so habe ich mir doch gelobt, nie wieder allein zu reisen. In Gesellschaft reist man mit mehr Gewinn.

Die sächsischen Kandidaten wurden nur von Leipziger Professoren geprüft, und die Prüfung war öffentlich in der Post. Einmal habe ich dabei zugehört. Der alte Delitzsch fragte gerade einen nach einem Namen des Messias unter einem Tiernamen, aber das Lamm sollte es nicht sein. Der Gefragte wußte es nicht. Delitzsch erinnerte daran, daß es neulich im Seminar vorgekommen wäre. Vergeblich. „Denken Sie", fuhr er fort, „an Genesis (1. Buch Mose) 49." Keine Antwort. „Denken Sie an den Segen Jakobs für Juda." Abermaliges Schweigen. Nun sagte er: „Juda, du bist ein junger — Stier", fuhr der Betreffende fort. Da wurde der Professor aber böse, und dazu hatte er allen Grund.

In Leipzig habe ich auch einer Lizentiaten-Prüfung beigewohnt, die man Dissertation heißt. Die muß der ablegen, der theologische Vorlesungen halten will. Der Kandidat mußte eine Schrift, die er lateinisch herausgegeben, vor den ordentlichen Professoren verteidigen. Gesprochen wurde nur lateinisch. Professor Fricke, der lange Jahre Vorsitzender des Gustav-Adolfs-Vereins gewesen ist, tadelte den Kandidaten, weil sein Latein so schlecht wäre. Von diesem Professor habe ich einmal eine Predigt gehört, die nichts anderes war als ein Vortrag über Sternkunde.

Bei einem medizinischen Professor hörte ich eine Vorlesung über öffentliche Gesundheitspflege. Das Kolleg war ganz voll. Ich bin aber nur einige Stunden hingegangen, weil der Professor jede Gelegenheit benutzte, um einen Witz über Pastoren zu machen, der von den Studenten mit Trampeln quittiert wurde.

So erzählte er, daß er einmal die Sommerferien bei einem befreundeten Landpastor zugebracht habe. Weil er durch das Geräusch der Straße nicht gestört wurde, wäre er schon früh wach gewesen, hätte aber Bedenken getragen, hinauszugehen, um seine Gastgeber nicht zu stören, und die Morgenluft beim offenen Fenster genossen. Da sah er den Hausherrn auf dem Wege nach dem Stalle und schloß sich ihm an. Besondere Sorgfalt widmete der Pastor den Ferkeln. Er untersuchte nicht nur, ob das Futter die richtige Mischung habe, sondern tauchte auch den Finger hinein, um zu sehen, ob es die richtige Temperatur habe. In das Eßzimmer stürmte eine Schar von Kindern, an denen, fügte er hinzu, „Landpastore bekanntlich nie Mangel haben" (Großes Getrampel). Sie tranken ihren Kaffee, ohne daß der Vater die Temperatur vorher festgestellt hatte. Ich machte ihn darauf aufmerksam, wie ungleich er seine Kinder und seine Ferkel behandele, und er verprach, in Zukunft seinen Kindern dieselbe Sorgfalt angedeihen zu lassen wie seinen Schweinchen. Wegen dieser Witzeleien über meine künftigen Standesgenossen ging ich nicht mehr hin, um mich nicht zu ärgern. Im nächsten Jahr hielt er dieselbe Vorlesung, und jetzt hatte er nur wenig Hörer, machte auch keine Witze mehr über Pastoren. So blieb ich ihm bis zu Ende treu und habe es nicht bereut. Von der medizinischen Wissenschaft sagte er, sie wäre noch keine Wissenschaft. Vielleicht wäre sie die Ahnung von einer Wissenschaft. Ich bezweifle, daß das ein Professor der Medizin heute noch sagt. Er war für Leichenverbrennung. Heute sagt man dafür Feuerbestattung, was ein kompletter Unsinn ist, denn im Feuer werden die Toten nicht bestattet, sondern anderswo. Der Professor sagte mit Nachdruck: „Wenn wir uns bemühen, unseren Mitmenschen zu nützen, solange wir leben, dann soll man uns nicht zwingen, ihnen zu schaden nach unserem Tode", als wenn das Begraben den Lebenden schädlich wäre. Heute denken die Mediziner anders darüber. Der Professor hatte einen Ofen für Leichenverbrennung erfunden. Er war böse darüber, daß der Fabrikant, dem er die Erfindung anvertraute, sich dieselbe hatte patentieren lassen. So hatte er selbst keinen Gewinn davon.

Einmal habe ich an einer sozialdemokratischen Versammlung teilgenommen, in der Bebel über seine Tätigkeit im Reichstage berichtete. Bebel war der erste Sozialdemokrat, der von Leipzig in den Reichstag gewählt wurde, und zwar gegen den dortigen Oberbürgermeister. Bis dahin war er Drechslermeister und hatte im Gefängnis französisch gelernt. Er sagte in seiner Rede, in einer Sitzung des Reichstags habe der Abgeordnete v. Kleist-Retzow gesagt, die Sozialdemokratie könne nur durch das Christentum überwunden werden. Das Gelächter, welches sich da erhob, war vielsagend genug. Ich war nachher froh, daß ich mit heilen Gliedern wieder draußen war. Denn daß ich nicht zu ihnen gehörte, mußten etliche gemerkt haben, weil ich mich an dem Beifall nicht beteiligte und an dem Sammel-Teller vorbeiging.

In einer anderen Versammlung, an der ich ebenfalls teilnahm, hatten ein Fortschrittsmann und ein Sozialdemokrat einen öffentlich angekündigten Redekampf. Der Sozialdemokrat blieb Sieger. Bismarck nannte den Fortschritt die Vorfrucht der Sozialdemokratie. Es scheint jetzt, als ob die Vorhersagung des Herrn v. Kleist-Retzow sich bewahrheitet.

Wenn ich nicht in die Universitäts-Kirche ging, besuchte ich die Nikolai-Kirche, in welcher der berühmteste Pastor von Leipzig, der alte Ahlfeld, predigte. Er trug auf der Kanzel einen weißen Überwurf und eine Halskrause. Man merkte, daß es ihm bedacht war, wenn er seine Hände zusammenschlug und mit großem Nachdruck sagte: „Liebe, teure Gemeinde!" Ohne Erbauung konnte man ihn nicht hören. Die Sitze waren gepolstert, und Heizung hatte die Kirche auch schon. Oft habe ich einen berühmten Juristen in der Kirche gesehen, in dessen Vorlesung ich auch einmal gewesen bin. Er hieß Roscher und hat ein Andachtsbuch geschrieben. Jeden Sonntag war nach der Liturgie ein Konzert mit Pauken und Trompeten. Wenn es zu Ende war, ließen die Musiker ihre Instrumente da und gingen hinaus. Das war ein Mißbrauch des Gotteshauses. Ein solcher Mißbrauch war es auch, wenn während der Messe die Verkaufsbuden an die Kirche angelehnt wurden, so daß man durch Buden hindurch mußte, wenn man in die Kirche wollte. Da lag es sehr nahe, an das Wort des Heilandes, Joh. 2, 16, zu denken: Machet nicht meines Vaters Haus zum Kaufhause.

Vor zwanzig Jahren hat man in Leipzig das große Völkerschlacht-Denkmal errichtet. In und um Leipzig gibt es so viele Denkmäler zur Erinnerung an die große Schlacht, daß ich wohl scherzweise gesagt habe, man müsse sie abends mit einer Laterne versehen, damit man nicht davorstieße. Und nun noch eins dazu! Wenn ein Denkmal überflüssig war, dann war es dies.

Das meinte ein französischer evangelischer Pastor auch, der einen Pastor nicht weit von Leipzig besuchte. Dieser hat es mir selbst erzählt. Der Franzose fragte, weshalb man eigentlich das Denkmal errichtet habe. Das wissen Sie doch, hieß die Antwort. Er wußte es nicht. Weil die Deutschen bei Leipzig Napoleon besiegt haben. „Die Deutschen Napoleon besiegt?" fragte der Mann. Davon könne keine Rede sein. Napoleon habe das Gefecht abgebrochen und sei abgezogen. Das sei alles. So wird in Frankreich Geschichte gelehrt.

Nicht weit von meiner letzten Wohnung in Leipzig ist der Napoleon-Stein, der die Stelle bezeichnet, wo Napoleon während der Schlacht seinen Standort hatte. Ein Veteran von 1813, der sich dort aufhielt, erzählte mir, daß die sächsischen Truppen, die an der Schlacht auf Napoleons Seite gefochten hätten, während der Schlacht zu den Verbündeten übergegangen wären.

In der Leipziger Gemälde-Galerie befindet sich ein Bild, welches darstellt, wie Napoleon die Nacht zwischen den Schlachttagen zugebracht hat. Tief in Gedanken versunken sitzt er da. Seine Mienen lassen nicht darauf schließen, daß er an Sieg glaubt, obgleich er am ersten Tage schon auf den Türmen Leipzigs hatte Viktoria läuten lassen.

Von Leipzig siedelte ich nach Greifswald über. Hier wohnte ich zuerst in der Linksstraße, so genannt, weil Häuser nur an einer Seite standen. In dieser Straße begegnete ich oft einem Manne, der seinen Verstand verloren hatte. Er ging immer barhäuptig und hatte ein hölzernes Schwert in der Hand. Er mußte sich sehr berühmt vorkommen, denn er hatte die Brust voller Orden, denen man es ansah, daß er sie selbst gemacht hatte. Wenn man ihn grüßte, neigte er sein Schwert.

Die größte Anziehungskraft unter den Professoren hatte Cremer, der außer mir noch zwei Westfalen nach Greifswald gezogen hatte. Die theologische Fakultät hatte damals etwa fünfzig Hörer und einen Hörsaal. Cremer zog an durch seine Gründlichkeit und durch seinen Ernst. Schon als Pastor in Ostönnen bei Soest hatte er ein Buch geschrieben, welches ihn in der Gelehrtenwelt bekannt gemacht hatte, und dem er seine Berufung auf den theologischen Lehrstuhl verdankte. Er mutete einem viel zu. Zuweilen richtete er es so ein, daß ich auf dem Heimweg an ihm vorbei mußte. Dann redete er mich an und fragte über das eben Gehörte, um sich zu vergewissern, ob er auch verstanden wäre. Ebenso anziehend wie seine Vorlesungen waren seine Predigten. Er verwaltete nämlich ein Doppelamt: die Professur und ein Pfarramt. Durch seine Gemeindearbeit mußte er sich sein Gehalt mitverdienen. So lästig das für ihn war, so sehr kam es uns zugute. Denn wenn er uns auf dem Lehrpult sagte, wie wir predigen müßten, so konnte er es uns auf der Kanzel zeigen. Er erzählte mal, daß er in Ostönnen über die Episteln gepredigt hätte. Da fragte ihn eine Frau, warum er nicht über die Evangelien predige. Er sagte, die Episteln wären doch auch Gottes Wort. Aber, war ihre Gegenrede, der Heiland habe doch gesagt: Predigt das Evangelium. Eine andere Frau redete er im Herbst darauf an, sie freue sich wohl, daß die Tage nun kürzer und die Arbeit weniger würde. Ja, meinte sie, deshalb habe der Heiland auch gesagt, wenn die Tage nicht verkürzt würden, würde kein Mensch selig.

Ein grundgelehrter Mann war der Professor Zöckler, in der Naturwissenschaft ebenso beschlagen wie in der Theologie. Leider war er schwerhörig und ein wenig langweilig. In der General-Synode redete er einmal so lange, daß „Schluß!" gerufen wurde. Das hielt er für Beifall, lächelte und redete weiter.

Der Professor W., ein Neutestamentler, war unerlaubt langweilig. Ich konnte seine Vorlesung zu Papier bringen und daneben ein Buch studieren. Für ihn hatten nur die Stellen Interesse, welche eine Zeitangabe enthielten. Bei denen hielt er sich ungebührlich lange auf. In dem Seminar bei ihm wurde zuweilen lateinisch gesprochen. Ich hörte bei ihm die Erklärung der ersten drei Evangelien, welche er bis zur Leidensgeschichte bringen wollte. Als das Semester zu Ende war, standen wir bei Matthäus 10, wobei er noch etwas überschlagen hatte. Er las noch eine Stunde extra und schloß, er hoffe, uns zu eigenem Studium angeregt zu haben, womit er sich in einem bedauerlichen Irrtum befand. Ich war so empört, daß ich Unterschriften sammeln wollte für eine Beschwerde an den Kultusminister darüber, daß der Herr Professor durch Vorspiegelung falscher Tatsachen einen Vermögensvorteil verschafft hatte. Professor Cremer, dem ich davon sagte, riet ab, und ich nahm Abstand.

Noch langweiliger war der alte Professor H., dessen Namen ich aus Schonung nicht ausschreibe. Seine Vorlesungen kündigte er mit der Bemerkung an, er würde nur lesen, wenn sich die gesetzliche Zahl von Zuhörern gemeldet haben würde. Das sind drei. Soviel meldeten sich nicht, darum las er auch nicht. Um wenigstens eine Vorlesung zu halten, kündigte er an, eine umsonst zu halten. Zuerst kamen einige, und ich ging auch einige Male hin. Bald nahm die Vorlesung ein vorzeitiges Ende, weil die Hörer fortblieben.

H. war ebenfalls Pfarrer an einer Gemeinde und hatte keinen neben sich wie Cremer. Am zweiten Weihnachtstage ging ich in seine Kirche. Er predigte in schwarzen Handschuhen über die zweite Epistel dieses Tages und brachte es fertig, aus dem Stefanus, von dem die Epistel handelt, einen regelrechten Protestanten-Vereinler zu machen, weil er eine „freiere Denkungsweise" vertrat, wie der bekannte Verein. Weil das Volk noch nicht reif dafür war, wurde Stefanus gesteinigt. Reif war seine Gemeinde für seine freiere Denkungsweise auch nicht, was die erschrecklich leere Kirche bewies. Ich war froh, daß die Predigt nur eine Viertelstunde dauerte. Das Alte Testament vertrat Professor Wellhausen, der trotz seines freisinnigen Standpunktes jeden Sonntag zu Cremer in die Kirche ging. Ich hörte bei ihm den zweiten Teil des Jesaia, den ich schon bei Delitzsch gehört hatte. Ich war gespannt, was er über den Knecht Gottes im 53. Kapitel sagen würde. Er meinte, wenn man das Neue Testament damit verglicher, könnte man wohl auf den Gedanken kommen, das Kapitel wäre eine Weissagung auf Christum. Aber das ist unmöglich, denn Weissagungen gibt es nicht. Der Knecht Gottes war nach seiner Meinung ein alter Prophet, der sich im Dienste Gottes aufgerieben hatte, aber von seinen Zeitgenossen, wie gewöhnlich bei großen Männern, verkannt wurde. Nach seinem Tode gingen ihnen die Augen auf und sie hielten diese Klage über ihn.

Mit dem Professor Wellhausen hatte ich es zu tun bei der Bearbeitung der Preisaufgabe der theologischen Fakultät. Erst hatte ich Bedenken, ob ich die Arbeit unternehmen sollte, weil mein Standpunkt dem des Professors ganz entgegengesetzt war, und fragte deshalb den Professor Zöckler. Er zerstreute meine Bedenken, weil Kollege W. ein sehr humaner Kritiker wäre. Die Reihenfolge der Weissagungen in Jesaia, Kap. 1—35, sollte nach der Geschichte festgestellt werden, und zwar in lateinischer Sprache. Beim Rektorats-Wechsel verkündigte der Rektor das Ergebnis. Wellhausens Urteil war für mich, den einzigen Bewerber, vernichtend, denn von Weissagung verstände ich nichts. Zollange Ausrufungszeichen hatte er an den Rand gemacht. Das Urteil ließ mich kalt. Mir genügte, daß ich 120 Mark bekam. Dafür machte ich mit zwei anderen Studenten eine Pfingstreise nach Schweden und Seeland. Schweden war damals noch eins der Länder, in denen am meisten Alkohol getrunken wurde. Als wir uns in einem Wirtshaus zu Tisch setzen wollten, an dem schon welche aßen, wies uns die Wirtin an einen Tisch mit kalten Speisen, an dem wir erst frühstücken sollten. Mitten auf dem Tisch stand eine gefüllte Branntwein-Flasche. In der Eisenbahn ging die Flasche von Mann zu Mann. Als wir sie weitergaben, ohne zu trinken, wurden wir ausgelacht. Die Reden verstanden wir nicht, merkten aber, daß sie sich über uns lustig machten.

In Hälsingborg, auf der schwedischen Seite des Sund, nahmen wir uns ein Zimmer mit drei Betten. Weil wir nur eine Wasch-Schüssel hatten, forderten wir von dem Dienstmädchen „dre Water", und sie brachte uns drei Flaschen Selterswasser. Endlich begriff sie uns. Die Aussicht auf den Sund konnte nicht schöner sein. Am anderen Tage sah ich in einem Buchladen den kleinen Katechismus Luthers mit seinem Bilde. Schweden ist ein fast ganz lutherisches Land. Auch die Bischöfe sind s. Zt. lutherisch geworden, in Deutschland nicht.

In Helsingör, auf Seeland, aßen wir am folgenden Tage zu Mittag. Der Wirt fragte uns, ob wir Hamlets Grab sehen wollten. Hamlet ist der Held und zugleich Name eines englischen Schauspiels. Das Stück spielt in Helsingör. In Wirklichkeit hat es nie einen Hamlet gegeben. Der Wirt erzählte, es wären immer Engländer gekommen, die Hamlets Grab sehen wollten. Da habe er im Garten einen Hügel aufgeschüttet, der einem Grabeshügel glich, und Steine darauf gelegt. Die Engländer besahen das Grab und nahmen auch Steine mit. Die Welt will betrogen sein, auch in England, darum wird sie betrogen.

In Kopenhagen brauchten wir so wenig dänisch zu können, wie in Schweden schwedisch. „Was wünschen die Herren?" fragte unser Wirt, der Sinn für Humor hatte, „Bier oder Oel?" Bier heißt im Dänischen Oel. Das berühmteste Schaustück Kopenhagens ist das Christus-Standbild von Thorwaldsen in der Frauenkirche. Man nennt es den „segnenden Christus", obgleich der Künstler den einladenden Christus hat darstellen wollen. In dem Thorwaldsen-Museum sahen wir die Uhr des berühmten Mannes, welche gerade in der Minute stehen geblieben ist, als er starb. Der Tod überraschte ihn im Theater. Wer wünscht sich wohl, im Theater zu sterben?

Außer den Theologen hörte ich noch bei dem philosophischen Professor B. Psychologie. Es waren fünf, die belegt hatten. Der Professor trug vor, indem er einen Haufen vergilbter Blätter vor sich hatte, die er aber nicht benutzte. Auch wenn alle fünf da waren, was selten vorkam, hörte doch keiner zu, denn das war unmöglich.

Der eine las eine Zeitung, der andere ein Buch, der dritte schrieb etwas und ich lernte hebräische Vokabeln. Zuweilen habe ich versucht, nachzuschreiben, aber es war nachher nicht möglich, einen Sinn hineinzubringen. Einmal wurde der Mann verständlich, als er meinte, die Bibel lächerlich machen zu können. Und er war früher Theologe gewesen. Ein anderes Mal war ich allein erschienen. Ich sagte ihm, ich möchte ihn nicht veranlassen, vor mir allein zu lesen. Ich lese sehr gern, war die Antwort, und ich mußte bleiben. Er erzählte, ein alter Kollege von ihm wäre mal gefragt worden, ob er auch immer Hörer habe. Nicht immer, sagte er, aber er lese auch, wenn außer ihm niemand da wäre. So wäre es ihm noch nie gegangen, sagte Professor B., und darüber freute er sich. Es gibt keinen höheren Beruf, als den eines Professors, wenn er seiner Aufgabe gewachsen ist, es gibt aber auch keinen kläglicheren Beruf, als den eines Professors, der seinen Beruf verfehlt hat.

Durch Professor Cremer kam ich dazu, dem Sohn eines Majors, der das Gymnasium besuchte, Privatstunden zu geben, weil er mit seiner Klasse nicht gleichen Schritt halten konnte. Professor Cremer sagte von ihm, sein Unglück wäre, der Sohn eines Majors und adelig zu sein. Er würde es leichter zu etwas bringen, wenn er der Sohn eines Handwerkers wäre. Denn er hatte praktisches Geschick. Nun sollte er lernen, und das wurde ihm schwer. Er wohnte in der Familie von drei Witwen, wo Urahne, Großmutter, Mutter und Kind einen Haushalt bildeten. Es konnte vorkommen, daß die Großmutter etwas behauptete, und die Urgroßmutter sagte: „Kind, das verstehst du nicht."

In dem ersten Semester wohnte ich bei einem katholischen Schlosser, dessen Frau evangelisch gewesen und infolge der Bemühungen des katholischen Priesters katholisch geworden war.

In Greifswald lebte ein reicher Holländer, der katholisch war und sich in die Studentenliste einschreiben lassen hatte, um die Rechte eines Studenten zu haben. Um die Studien kümmerte er sich nicht. Er hatte einen eigenen Haushalt und einen eigenen Weinkeller. An seinem Geburtstage lud er alle Männer der katholischen Gemeinde ins Gasthaus zu einem Mahl, bei dem die Kapelle der Jäger die Tafelmusik machte. Am andern Tage klagte die Wirtin, ihr Mann wäre ohne Hut nach Hause gekommen. Es wird ja wohl nicht schaden, meinte sie, der Herr Erzpriester war ja auch dabei. Dieser Student war stadtbekannt. Er hatte seine Freude daran, die Post zu schikanieren, wo er konnte. Er schrieb z. B. Briefe an sich selbst, und wenn sie ihm bei der ersten Gelegenheit nicht gebracht wurden, beschwerte er sich. Die Post führte damals für die Postillione Mützen ein statt Hüte. Diese wurden aber noch getragen, solange sie brauchbar waren.

Auch darüber beschwerte er sich. Zur Entschädigung für diese Scherereien lud er alljährlich die Postbeamten zu einem Essen ins Gasthaus, aber nur die unteren.

Als wir das Jahresfest des studentischen Missions-Vereins feierten, kam er zur Nachfeier auch. Wir könnten ihn ja hinausweisen, meinte er, aber er habe es doch versuchen wollen, er gab auch einen Beitrag zur Kollekte.

Weil die Tochter meines Wirtes ihm durch ihre guten Antworten in der Christenlehre aufgefallen war, bot er den Eltern an, sie auf seine Kosten zur Lehrerin ausbilden zu lassen. Sie kam nach Nonnenwerth, einer Insel im Rhein, nicht weit von Bonn, wo Nonnen ein Lehrerinnen-Seminar leiteten. Von Bonn aus habe ich sie besucht. Sie weinte vor Freude, als sie ein bekanntes Gesicht sah.

Was hat das Leben, das damit ausgefüllt wird, die Zeit auf angenehme Weise totzuschlagen, für einen Wert? Ein Mann, der Steine klopft, nützt der Welt mehr. Freilich hat sich der Student, wie man erzählte, auch einmal zum juristischen Examen gemeldet. Er setzte zwar voraus, bemerkte er in seiner Meldung, daß er durchfallen würde, aber eine solche Erfahrung würde ihm gut tun. Aber zugelassen wurde er nicht.

Als ich am ersten Sonntag nachmittag auf das Feld ging, bekam ich etwas zu sehen, was ich noch nie gesehen hatte: die Feldarbeit war im Gange wie in der Woche. Ähnlich war es in ganz Vorpommern. Während meiner Studienzeit tagte der Kongreß für Innere Mission in Bielefeld. Der Graf von Bismarck-Bohlen erklärte die mangelhafte Sonntagsruhe in Vorpommern damit, daß das Christentum dort spät eingeführt wäre. Der Grund liegt aber tiefer.

Während des zweiten Semesters in Greifswald wohnte ich bei einem Schneider, der in der Woche oft müßig saß, aber sonntags immer arbeitete. In die Kirche ging er nicht. Auf dem Feste des studentischen Missionsvereins sollten zwei berühmte Männer predigen: der Missionsdirektor Wangemann in Berlin und Professor Zöckler. Ich bat den Schneider, mit in die Kirche zu gehen, da bekäme er berühmte Männer zu hören, und er ging mit. Zum Unglück predigten beide Größen so, daß ich nicht weiß, welcher der langweiligste war. Mein Schneider war schon nach der ersten Predigt nach Hause gegangen, und verdenken konnte ich es ihm nicht.

Von Greifswald schied ich mit Dank und ohne Trauer in der Meinung, Pommern nie wiederzusehen. Es ist aber anders gekommen. Ich habe Pommern bald wiedergesehen und seitdem oft mein Leben lang.

Im letzten Semester ging ich nach Bonn. Was mich dahin zog, war der Professor Christlieb. Sein Name war unter den Fakultäts-Mitgliedern der bekannteste. Er war der einzige, den ich gehört habe. Er war auch der einzige, der seinen Hörern gelegentlich das Gewissen schärfte. Sein Gesicht redete von Ernst und Entschiedenheit. Aus seinen Vorlesungen über die Predigtkunst ist mir ein Satz unvergeßlich geblieben: Was Sie nichts gekostet hat, sollen Sie niemanden bieten, d. h. wir sollten nie unvorbereitet reden. Keinem Professor bin ich so nahegetreten wie ihm, weil er ein offenes Haus hatte. Sonntags abends nach dem Essen konnte jeder zu ihm kommen. Es gab allerdings nichts als geistliche Speise, und die Unterhaltung führte er meistens allein. Doch durften wir auch den Mund auftun. Der Besuch war mäßig, ich habe aber selten gefehlt. Die Abende waren auch deshalb so interessant, weil der Professor jahrelang Pastor in England gewesen war und oft davon redete.

In Bonn habe ich auch einen katholischen Professor gehört. Er wohnte im Studenten-Konvikt und empfing mich in einem unbeschreiblichen Schlafrock. Er war der einzige Professor in der ganzen katholischen Fakultät. Die anderen waren entweder gestorben oder alt-katholisch geworden. Neue wurden wegen des Kulturkampfes nicht berufen. Als er mich sah und erfuhr, daß ich evangelisch sei, fragte er erstaunt: „Wie kommen Sie zu mir?" Ich sagte, daß ich diese Vorlesung schon bei zwei von unseren Professoren gehört habe. So, meinte er, und nun wollen Sie sehen, was ich daraus mache. Wenn ich etwas zu fragen hätte, möchte ich nur zu ihm kommen. Ich dankte für seine Freundlichkeit, habe aber keinen Gebrauch davon gemacht. Er las über die neueste Kirchengeschichte und kam statt nach einer Viertelstunde erst um halb, denn er war müde, weil er als einziger soviel Vorlesungen halten mußte. Wenn bei uns ein Professor in den Hörsaal kam, war alles still. Als er kam, ging die laute Unterhaltung weiter. Kein Mensch kümmerte sich um ihn. Er setzte sich auf den Lehrstuhl, aber niemand nahm Notiz von ihm. Endlich sagte er zu dem Lautesten: „Wollen Sie lesen, dann kommen Sie her." Da trat Stille ein. Es war ihm unangenehm, daß unter den großen Dichtern nach Lessing kein einziger katholischer Name von Bedeutung ist. Er tröstete sich aber damit, daß das, was die Dichter noch vom Christentum gehabt hätten, katholisch gewesen wäre. Einmal konnte er sich auf den Namen eines Dorfes bei Bonn nicht besinnen und fragte: „Wie heißt doch das Nest?" Die Zuhörer nannten eine Reihe von Dörfern, aber das betreffende war nicht darunter. Er las weiter. Dann unterbrach er sich und fragte wieder nach dem Namen. Wieder wurden Dörfer genannt. Endlich traf einer das gesuchte. Einige Stunden habe ich darangewendet, da hatte ich genug und ging nicht mehr hin.

In Bonn erlebte ich den Karneval. Sogar alte Leute liefen in den Straßen verkleidet herum. Man hätte meinen können, die Menschen wären närrisch geworden. Ein Extrazug fuhr nach Köln, wo das Karnevalstreiben noch viel toller ist. Ich hatte in Bonn genug gesehen und kein Verlangen nach mehr.

Zu Mittag aß ich mit einem Franzosen aus Paris zusammen, der Jura studierte und fertig deutsch sprach. Er hatte ganz verständige Ansichten. Was er aber über die sittlichen Zustände Frankreichs erzählte, war haarsträubend, daß ich es nicht wiedergeben kann. Das war 1879. Ob es heute besser ist?

In Bonn studierte damals der Prinz Wilhelm, nachher Kaiser Wilhelm II. Um sagen zu können, daß ich mit ihm in einem Kolleg gesessen habe, ging ich in die Vorlesung, welche er hörte. Aber er war nicht da, weil er auf dem Paukboden ein Knie verletzt hatte. Nun mußten die Professoren, welche er hörte, ihm Vorlesung in seiner Wohnung halten. Jeden Sonntag war er in der Kirche, in welcher Dryander, der spätere Oberhofprediger, Christlieb und noch ein Pastor abwechselnd predigten. Christliebs Predigten schienen mir den Vorzug zu verdienen. Er wurde später von der Kaiserin sehr geschätzt und in seinen Bestrebungen unterstützt, welche auf die Anstellung von Evangelisten zielten.

Eines Tages kam ein Jude die zwei Treppen zu mir heraufgekeucht und fragte mich, ob ich stenographieren könne. Er wollte eine Verhandlung beim Appellations-Gericht in Bonn schriftlich haben. In dem Prozesse war er der Angeklagte. Die Judenschaft in Bonn war gespalten in eine liberale und altgläubige Richtung. Um die Wahl eines liberalen Rabbiners in Bonn zu verhindern, hatte mein Besucher ihn in einer von ihm herausgegebenen jüdischen Zeitschrift einen *am haarez* genannt, was soviel heißt wie Laie, ein Mann, der von rabbinischer Wissenschaft nichts versteht. Der Rabbiner hatte den Schreiber verklagt, weil diese Bezeichnung eine schwere Beleidigung für ihn war. In der ersten Instanz war der Beleidiger verurteilt, hatte aber Berufung eingelegt, und nun sollte die zweite Verhandlung sein. Seine Bezeichnung des Rabbiners als eines *am haarez* begründete er mit dem Genuß einer Fleischbrühe. Auf einer Reise von Berlin nach Stettin, wo er predigen sollte, hatte der Rabbiner, der noch in Berlin studierte, eine Fleischbrühe getrunken. Ein gewöhnlicher Jude durfte das, er aber als Rabbinats-Kandidat durfte es nicht. Weil er das wußte, bat er einen Juden, der dabei war, er möchte ihn in Stettin nicht verraten. Der schwieg aber nicht, und die Folge war, daß die altgläubigen Stettiner Juden auf die Predigt verzichteten. Jetzt stand er in Bonn auf der Wahl. Der Oberrabbiner von Bonn, ein ehrwürdiger Greis mit weißem Bart, erklärte es auf Befragen des Richters für eine Entweihung der Synagoge, wenn dieser Rabbiner darin amtiere. Der Kläger spielte in der Verhandlung gerade keine anziehende Rolle. Er spottete darüber, daß es 613 rabbinische Gebote gebe, die man nicht einmal alle wissen, geschweige denn halten könne. Das sieht gefährlich aus, ist es aber nicht. Denn von den 613 Geboten darf man im Notfall 610 übertreten. Das verschwieg der Kläger aber. Das Ergebnis des Prozesses war, daß der Beleidiger zum zweiten Male verurteilt wurde. Leider hatte ich den Preis für meine Arbeit nicht vorher abgemacht, und so erreichte es der Jude, daß ich weniger bekam als ich verdient hatte.

Noch ein anderer Einwohner von Bonn nahm meine Kenntnis der Stenographie in Anspruch. Das war ein alt-katholischer Student der Theologie. Er bat mich, für ihn und andere einen Lehrgang in Stenographie zu halten. Das tat ich ohne Bezahlung. Ehe der Kursus beendet war, kamen junge Leute aus Beuel, von der anderen Seite des Rheines, und baten auch um einen Kursus. Ich sagte zu unter der Bedingung, daß sie mir die Kosten der Überfahrt ersetzten. In Bonn wurden wir fertig, in Beuel nicht. Zum Abschied veranstalteten die Bonner eine besondere Feier und schenkten mir eine Pfeife mit Tabakskasten, den ich noch habe.

Sie gründeten einen Verein, in dem sie mir einen Ehrenplatz anwiesen. Manches Jahr haben sie mir von einem Ausflug ein Telegramm oder sonst ein Zeichen des Gedenkens zukommen lassen.

Als meine Studienzeit sich ihrem Ende näherte, fragte ich Professor Cremer, ob er eine Stelle für mich habe, denn in Bonn hatte ich nichts gefunden. Auf seine Empfehlung bekam ich eine Anfrage von dem Leiter der Züllchower Anstalten bei Stettin, Gustav Jahn, ob ich Oberhelfer in der dortigen Brüder- und Rettungs-Anstalt werden wollte. Ich sollte dort die Brüder und Anstaltsknaben unterrichten. Professor Kraft in Bonn riet dringend ab. Ich würde dort ausgepreßt wie eine Zitrone. Professor Christlieb redete zu. Während der Verhandlung darüber ging meine Studienzeit zu Ende, und ich mußte der Universität den Abschied geben. Sooft ich auf mein Leben zurücksehe, danke ich Gott, daß er mich nach Leipzig, Greifswald und Bonn geführt und mir so treffliche Männer zu Lehrern gegeben hat.

Auf den ersten Brief von Züllchow schrieb ich ab, weil mir die dortige Arbeit über meine Kraft zu gehen schien. Der zweite Brief von Jahn zerstreute meine Bedenken. Eltern und Großvater waren einverstanden, und so nahm ich die Stelle an.

5. In Züllchow

Was ich als Student gesungen hatte: „Muß nun als Philister leben, der die Welt im Gleis erhält", war jetzt für mich Wirklichkeit.

Der Student teilt die Menschen in zwei Teile: Studenten und Philister. Zu diesen gehörte ich jetzt. Daß es Brüderanstalten gab, hatte ich bis dahin kaum gewußt, und nun sollte ich an einer solchen arbeiten. Als ich in der Tür des Anstalts-Vorstehers stand und er hörte, wer ich war, gab er mir einen Kuß. Als ich mein zweites Examen gemacht hatte, fragte Jahn mich, wie lange ich noch zu bleiben gedenke. Ich sagte: 1 1/2 Jahre. Da bekam ich den zweiten Kuß.

Der Tag meiner Ankunft war ein Sonnabend. In der Abend-Andacht wurde für mich gebetet. Am Sonntagabend sagte Jahn zu mir, ich sollte zu den Brüdern gehen. Er ging aber nicht mit, um mich mit ihnen bekannt zu machen. Ich solle mir, sagte er, ihre Lebensgeschichte erzählen lassen. Zuerst erzählte ich ihnen meine Lebensgeschichte, und dann bat ich sie um die Erzählung der ihrigen. Der älteste fing also an: „Ich bin natürlich geboren am..." usw. Er war schon zweimal in Amerika gewesen und seines Zeichens Schmied. Handwerker, Knechte, Kaufleute oder so etwas waren sie alle gewesen. Die hatte ich nun in allen Fächern, außer Rechnen und Singen, zu unterrichten. Außerdem hatte ich Erdkunde und Geschichte und im Winter Konfirmanden-Unterricht bei den Knaben. Ein Lehrplan war nicht vorhanden. Vom Unterrichten hatte ich keine Ahnung. Wohl habe ich eine Vorlesung darüber gehört und bei Christlieb im Seminar eine Stunde unterrichtet, aber Unterrichten erlernt man nur durch Übung. Ich wurde ins Wasser geworfen, ohne schwimmen zu können. Wenn ein junger Lehrer ins Amt kommt, weiß er ganz genau, wie er den Stoff anzufassen hat. Damals geschah nichts, um die Kandidaten durch Übung unterrichten zu lehren.

Ich hatte in der Woche dreißig Unterrichtsstunden zu geben und darunter kaum eine, auf welche ich mich nicht vorbereiten mußte.

Unser Vorsteher war ein bedeutender Mann, der früher die Brüder selbst unterrichtet hatte. Er war ein Original und selbstgemachter Mann. In seiner Vaterstadt, Sanderleben in Anhalt, hatte er die Bürgerschule besucht und war bei seinem Vater Weißgerber-Geselle geworden. Als solcher dichtete er mit 18 Jahren „Das Hohelied in Liedern", eine geistliche Erklärung des Hohenliedes. König Friedrich Wilhelm IV. gab ihm dafür einen Ehrensold von einigen hundert Talern. Die Lieder wurden so oft gedruckt, daß er sagte, jede Zeile hätte ihm einen Taler eingebracht. Auch als Volksschriftsteller hatte er einen guten Namen. Als junger Mann hörte er in Halle Vorlesungen über Literatur und wurde mit Ahlfeld befreundet. Seine Vaterstadt wählte ihn zum Bürgermeister. Von da kam er als Vorsteher der Anstalt nach Züllchow. Sein Ziel war, die Anstalt, was die Unterhaltung betraf, auf eigene Füße zu stellen. Weil seine Arbeit nicht genügend Zeit für den Unterricht ließ, trat er diesen an den Oberhelfer ab. Der geschäftliche Teil seines Amtes nahm ihn ganz in Anspruch. Mit der Anstalt war nämlich eine große Handels-Gärtnerei verbunden, die in der Bestellzeit täglich einen Wagen mit Saatgut an die Bahn schickte. Außerdem betrieb die Anstalt eine Weihnachts-Industrie, deren Erzeugnisse sogar in andere Erdteile geschickt wurden.

Einteilung und Einrichtung einer Obergeschosshälfte des Mittelbaues.

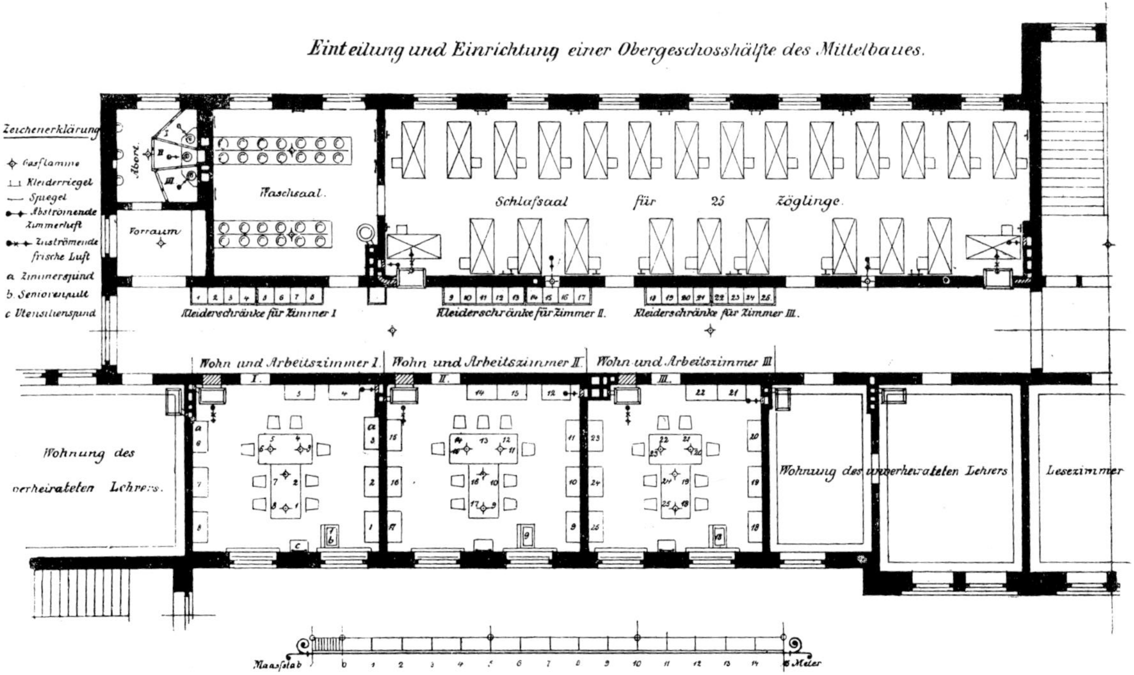

Brüder hatten wir 12—15, die Zahl der Knaben des Rettungs-Hauses betrug einmal 150. Die Bedingung für die Aufnahme eines Bruders war, daß er einen guten Ruf hatte, die Bedingung für die Aufnahme eines Jungen war, daß er nichts taugte. Es meldeten sich junge Leute, die es in keinem Berufe zu etwas gebracht hatten. Nun meinten sie, zum Bruder wären sie gut genug. Etwa den dritten Teil, der sich Meldenden, konnten wir aufnehmen, und von den Aufgenommenen wurden noch manche wieder entlassen.

Einmal bekamen wir einen Jungen, der nicht war, wie die anderen. Er betrug sich musterhaft, aber er lachte nie. Zuweilen, wenn ich mit den Knaben spazieren ging, und unsere Augen sich begegneten, glitt ein verstohlenes Lächeln über sein Gesicht. Ich begriff nicht, daß er einer solchen Tat fähig gewesen war, weshalb er uns vom Gericht überwiesen war: Diebstahl. Er wurde krank. Wir fragten ihn, ob wir seine Eltern benachrichtigen sollten. Er wollte es nicht. Wir benachrichtigten sie doch. Er starb, aber vorher hatte er gesagt, wir möchten seinen Eltern sagen, daß er ihnen nicht mehr böse wäre. Seine Schwester kam zur Beerdigung. Als wir ihr mitteilten, was er gesagt hatte, weinte sie, und nun kam an den Tag, wie seine Rede zu verstehen war. Die Tat hatte sein älterer Bruder begangen, der schon strafmündig war. Um ihn vor der Strafe zu bewahren, schoben die Eltern den jüngeren Bruder als Täter vor, der nun zur Zwangserziehung verurteilt wurde.

Ein anderer Knabe lief fort über Stettin nach Berlin, nach Leipzig bis Werdau. Er war barfuß und hatte außer dem Hemde nichts an als eine Drillichhose und Leinwandjacke. In Werdau wurde er nach einem Vierteljahr gefaßt. Weil die Arbeit gerade sehr eilig und Ferien waren, erbot ich mich, ihn zu holen. In Berlin erreichte ich den Zug nach Leipzig nicht und übernachtete mit Erlaubnis des Bahnhofs-Nachtwächters in dessen Hütte, um den ersten Zug am andern Morgen nicht zu versäumen. Auf der Rückfahrt wollte ein Leipziger Polizist auf dem Berliner Bahnhofe den Jungen verhaften. Ich sagte ihm, es wäre mir lieber gewesen, er hätte ihn auf der Durchreise durch Leipzig verhaftet. Es war köstlich anzuhören, wie der Sachse den Jungen des Längeren ermahnte und zwischendurch immer wieder sagte: „Hast's geheert?" Am folgenden Tage fand bei Stettin die Parade des pommerschen Armeekorps vor dem alten Kaiser statt. Wenn ich dabei sein wollte, mußten wir nach Berlin mit dem Schnellzug fahren. Das griff meine Kasse so an, daß wir von Leipzig bis nach Hause noch ganze 11 Pfennige zu verzehren hatten. Mit 10 Pfennigen schickte ich den Jungen an die Verkaufsstelle, um Brötchen zu kaufen. Wegen seines ärmlichen Aussehens bekam er zwei umsonst. In Berlin fanden wir den Stettiner Bahnhof verschlossen, und ein Zug fuhr nicht mehr. Wieder öffnete uns der Nachtwächter seine Hütte, die sogar geheizt war. Als ich am andern Morgen wieder nach Brot schickte, nahmen sie dem Jungen das Geld ab. Nun mußten wir bis Stettin stehen, was uns herzlich sauer wurde. Nachdem ich in Züllchow meinen Jungen abgeliefert und etwas genossen hatte, eilte ich querfeldein auf den Paradeplatz. Hier wurde ich reichlich entschädigt für die Mühe der Reise.

Mit dem Unterrichten kam ich allmählich in Gang. Ich lernte, weniger zu reden und die Schüler reden zu lassen. Unser Vorsteher sagte, er beurteile die Tüchtigkeit eines Lehrers danach, daß er den Stock immer weniger brauche. Vier Jahre bin ich in Züllchow gewesen, aber nie hat ein Vertreter der Regierung ihr Aufsichtsrecht bei uns wahrgenommen. Einmal bekamen wir einen Jungen von zwölf Jahren, der die Schule überhaupt noch nicht besucht hatte, und das in einer Vorstadt von Stettin unter den Augen der Regierung. Als ich den Vater des Jungen fragte, warum derselbe so unwissend wäre, sagte er: „Als er klein war, haben wir ihn nicht zur Schule geschickt, und nachher sagte er: Mang (unter) die Kleinen gehe ich nicht."

In unserer Anstalt konnte man danken lernen für gute und fromme Eltern. Beim Konfirmanden-Unterricht wurde mir das 4. Gebot besonders schwer, weil ich den Kindern sagen mußte, daß sie ihre Eltern ehren müßten, und es war keiner darunter, dessen Eltern es verdienten. Einmal bekamen wir zwei Brüder, bei denen nicht zu unterscheiden war, welcher am meisten verwahrlost war, eine solche Verkommenheit in solchem Alter hatte ich nicht für möglich gehalten. Als aber nach einigen Wochen die Mutter kam, war mir sofort alles klar. Eine solche Verkommenheit war mir noch nicht vorgekommen.

Unser zweiter Lehrer hatte den Gesang-Unterricht. Es war erstaunlich zu hören, was er aus den Jungen für Stimmen herausbrachte. Er konnte es wagen, mit ihnen in Stettin ein Konzert zu geben. Bei unserer Weihnachtsfeier sang ein Junge die Worte des Verkündigungs-Engels allein. Er war nichts weniger als ein Engel, aber seine Stimme konnte einem den Klang der Engelstimmen wohl nahebringen.

Unsere Weihnachts-Bescherung hielt sich in bescheidenen Grenzen. Es kam aber doch vor, daß Jungen, die zum ersten Male Weihnachten bei uns feierten, sich nicht getrauten, das Geschenk auf ihrem Platze anzufassen. Einmal sagte einer, mit dem ich vom Eise nach Hause ging: „Ne, so'n Weihnachten habe ich noch nie gehabt."

Unsere Kinder hätten eigentlich zweimal photographiert werden müssen, bei ihrer Aufnahme und ein Jahr später. Die beiden Bilder wären sehr unähnlich gewesen. Einst bekamen wir einen, der von den Tätern irgendwo liegen gelassen war. Er sah so böse aus, als wenn er jedermanns Feind wäre. Nach einem Jahre hatte er ein anderes Gesicht. Er hatte erfahren, was Liebe ist. Obgleich unsere Jungen zu Hause vom Christentum nichts gehört und gesehen hatten, habe ich doch an dem Konfirmanden-Unterrichte meine Freude gehabt. Nach der Besprechung des Leidens Jesu in Gethsemane fragte ich: „Was singen wir jetzt?" Da schlug einer vor: Herr, laß dein bitter Leiden usw.

Vormittags war Unterricht und nachmittags Arbeit. Weil die Anstalt ausgedehnten Grundbesitz hatte, fanden alle reichlich Beschäftigung. Wenn sie abends nach Hause gingen, sangen sie fröhliche Lieder, z. B. den Kanon: Froh zu sein, bedarf man wenig, und wer froh ist, der ist König.

Eines Tages erklärte unser Wirtschafts-Inspektor, mit der halbtägigen Arbeit käme er nicht aus. Er forderte, daß die eine Hälfte der Knaben und Brüder vormittags Unterricht haben, und die andere Hälfte arbeiten müsse. Der Unterricht der anderen Hälfte sollte nachmittags sein. So würde mehr Arbeit geschafft.

Wir Lehrer wurden nicht gefragt, obgleich es für uns eine Verdoppelung der Arbeit bedeutete, und wir nachmittags mit müden Pferden ackern mußten. So kam es vor, daß ich bei dem Brüder-Unterrichte nachmittags stehen mußte, um nicht einzuschlafen. Und doch wußte ich zuweilen am Ende des Satzes nicht mehr, wie er angefangen hatte. Eine Zeitlang haben wir getan, was über die Kraft ging, dann erklärten wir, so ginge es nicht weiter. Da wurde die alte Tagesordnung wieder hergestellt.

Bei der Vergrößerung des einen Schlafsaales bekam die Anstalt einen Turm und der Turm zwei Glocken. Die eine hatte die Inschrift, von G. Jahn gedichtet: „Mein eh'rner Mund rief schon ins Land, eh' eine Kirche hier erstand. Zum Kirchbau mahn' ich die Gemein', bis daß sie wird erstanden sein."

In der Abend-Andacht am Sonnabend wurde die Litanei gebetet und in derselben darum, daß in Züllchow eine Kirche gebaut werden möchte. Der Ort hatte 5 000 Seelen, aber keine Kirche und keinen Pastor. Gottesdienst wurde von einem Stettiner Pastor in unserem Betsaale gehalten, der aber nur wenig Raum bot. Unsere Nachbarstadt Bredow mit der großen Schiffbau-Gesellschaft Vulkan hatte 10 000 Seelen, aber keine Kirche und keinen Pastor. Sonntagnachmittags war die Straße voll von schwarzen Gestalten, aber es waren keine Kirchgänger, sondern Vulkan-Arbeiter. Noch näher bei Stettin lag Grabow mit 12 000 Seelen. Es hatte einen Hilfsprediger, der meistens auch bei uns predigte, ein sehr begabter und fleißiger Mann. Gottesdienst war im Zeichensaal der Navigations-Schule, denn eine Kirche gab es nicht. Wir waren eingepfarrt nach Stettin. Also über 25 000 Seelen ohne Kirche mit einem Pastor. Und das unter den Augen des Konsistoriums.

Um den Kindern von Bredow einen kleinen Ersatz zu bieten, beschloß ich, dort einen Kindergottesdienst einzurichten und besprach die Sache mit dem Generalsuperintendenten D. Jaspis, der unser Superintendent war. Er riet mir, mich an den Schulvorstand zu wenden. Das tat ich und bat um Überlassung eines Klassenzimmers am Sonntagnachmittag. Die Antwort enthielt nur den einen Satz: Wier (buchstäblich) können es nicht bewilligen. Gründe waren sie mir ja nicht schuldig. Jaspis war über diesen Bescheid erstaunt und versprach, mit dem Amtsvorsteher von Bredow zu reden.

Auch mit der geistlichen Versorgung Stettins war es nicht aufs beste bestellt. An der größten Stettiner Kirche stand ein früherer Freimaurer, dem zuliebe der Kronprinz Friedrich Wilhelm aus dem Freimaurer-Orden ausgetreten war, weil er meinte, dem Pastor S. wäre vom Orden Unrecht geschehen. In der Johannis-Kirche habe ich einmal eine Predigt über die Salbung Jesu in Bethanien gehört. Die Auslegung und Anwendung dieser Geschichte war so eigenartig, daß ich sie nicht vergessen habe. Der Pastor sagte, daß Maria der Vorwurf gemacht wurde: Du bist zu gut, und sie hat sich diesen Vorwurf gefallen lassen. Uns wird auch wohl der Vorwurf gemacht: Du bist zu gut. Von Maria wollen wir lernen, uns diesen Vorwurf gefallen zu lassen. Die Kirche liegt in der Heiligen-Geist-Straße. Aber vom heiligen Geiste merkte man damals nichts in ihr.

Mein zweiter Antrag in Bredow wurde genehmigt. Ich nahm einen Bruder mit, der den Gesang mit der Geige begleiten sollte. Die erste Klasse war von dem

Lehrer bestellt, und er selber war auch da, um zu sehen, was ich treibe. Der Kindergottesdienst wurde gut besucht, und der Lehrer kam nicht wieder. Durch die Kinder kam ich mit den Eltern in Berührung. Bei meinen Besuchen fand ich, daß eine Frau ein katholisches Gebetbuch benutzte, ohne den Unterschied zu merken. Bis Bredow eine Kirche bekommen hat, ist noch manches Jahr vergangen. In Züllchow wurde sie eher gebaut, weil eine treibende Kraft da war. Bei der Einweihung zog sich G. Jahn eine Erkältung zu, an deren Folgen er starb. So hat er nur einmal einem Gottesdienste in der Kirche beigewohnt, um deren Bau er Jahrzehnte lang gebetet hatte.

Der General-Superintendent D. Jaspis nahm sich der Kandidaten seiner Synode besonders an. Wir hatten regelmäßig eine Konferenz bei ihm, in der zuweilen lateinisch gesprochen wurde. Einmal betete er auch lateinisch, ging aber mitten im Gebet ins Deutsche über. Nach pommerscher Ordnung mußte ich vor ihm eine Predigt halten. Es geschah in der Peter-Pauls-Kirche, welche der Apostel der Pommern, Otto von Bamberg, gebaut hat. Der Gottesdienst fand nachmittags 2 Uhr statt, eine Zeit, wie sie unpassender gar nicht gewählt werden konnte. Zugegen waren acht Menschen, unter ihnen einige meiner Schüler und der General-Superintendent. Beim Hinausgehen sagte er, es widerstrebe ihm, eine Predigt zu beurteilen, nachdem sie eben gehalten sei. Jetzt solle ich bei ihm Kaffee trinken und in der Woche wiederkommen zur Besprechung. An dem bestimmten Tage ging er mit mir in die Schloßkirche, und ich mußte auf der Kanzel meine Predigt nochmal halten. Nach etwa 10 Minuten unterbrach er mich und sagte, ich müsse langsamer sprechen und zuweilen Pausen machen, weil es schwer sei, einem fremden Gedankengange zu folgen. So mußte ich das Gesagte wiederholen. Wieder unterbrach er mich nach einiger Zeit und sagte, ich müsse meine Stimme wandeln. An der Stimme müsse man merken können, was für den Verstand, was für den Willen und was für das Gemüt bestimmt sei. Ich versuchte es zum dritten Male, aber es fand noch nicht Gnade vor seinen Augen. Jetzt las er mir meine Predigt vor, die ich hatte einreichen müssen. Und nun bekam ich zum vierten Male das Wort. „Sie werden", sagte er, „es mir noch danken, wenn ich im Grabe liege." Und das tue ich auch. Wenn man so auf frischer Tat berichtigt wird, das vergißt man nicht.

Öfter habe ich aus seinem Munde die Versicherung gehört: „Herr Kandidat, ich achte auf ihren Stand." Ich würde nie sehen, daß er den Schlafrock anbehalte, wenn ich ihn besuche. Als ich einmal wegen meiner Militärdienst-Angelegenheit von ihm aufs Landratsamt mußte, ermahnte er mich, unterwegs zu beten, daß es gut abliefe. Daran hatte ich nicht gedacht.

Mein Gang aufs Landratsamt war die einzige Gelegenheit, bei der ich mit dem preußischen Heereswesen in Berührung kam. Ich bekam den Bescheid: Dienstuntauglich. Damit ging ein Jugendtraum zu Ende, den ich einmal geträumt hatte. Ein richtiger preußischer Junge wollte damals Soldat werden. Ich stellte mir das höchste Ziel, das ein Soldat erreichen kann: Generalfeldmarschall wollte ich werden. Wenn ein Schneidergeselle es bis zum Generalfeldmarschall gebracht hat, dachte ich, warum sollte es ein Bauernjunge nicht auch können? Dabei hatte ich nicht in Rechnung gebracht, daß seit dem alten Derfflinger über 250 Jahre vergangen sind, und daß das Kriegführen heute eine ausgebildete Wissenschaft ist.

Der Generalsuperintendent Jaspis war gar nicht damit einverstanden, daß ich das Kandidaten-Examen in Münster machte. Wir waren im Examen unserer fünf. Nach der ersten Stunde ging einer fort, ein Sachse. Er hatte völlig versagt. Er hatte nämlich nicht gewußt, wie der Generalsuperintendent Wiesmann in Bibelkunde prüfte. Da fragte er nach den Größenverhältnissen des Tempels. Man mußte die Ellenmaße genau wissen. Er fragte nach der Priester- und Opferordnung. Das hatte der Sachse nicht gewußt. So trat er zurück. Nach der zweiten Stunde ging der Zweite fort, denn er versagte im Hebräischen, aus dem wir ins Lateinische übersetzen mußten. Nachdem er gegangen war, kam der Konsistorialrat S. zu uns ins Wartezimmer und sagte: „Wenn man aus dem Examen keine Redensart machen will, dann geht so etwas nicht." Das war auch unsere Meinung.

Das Konsistorium in Münster hat nie aus der Not eine Tugend gemacht und wegen des Kandidatenmangels alles durchkommen lassen.

Der Superintendent Beckhaus fragte mich: „Für wen soll der Pastor beten?" „Für seine Presbyter", antwortete ich. „Das freut mich", sagte er, „bis jetzt habe ich's nicht getan." Die Antwort sollte aber heißen: Für die, welche er lieb hat! Wir hatten einen Aufsatz über die Wiedergeburt schreiben müssen. Ich hatte die Wiedergeburt mit der Taufe in Zusammenhang gebracht. Das tadelte der Professor M., welcher einen Unterschied gemacht wissen wollte zwischen der Taufe Erwachsener und Kinder. Da sagte mir Backhaus ins Ohr: „Hoffentlich lassen Sie sich Ihren Glauben von der Taufe nicht nehmen, der Ihnen da eben bestritten wird." Ebenso unter der Hand fragte mich der Konsistorialrat Niemann, ob ich ein Sohn des alten Husemann wäre. „Nein, sein Enkel", sagte ich. Dann bin ich mit Ihrer Mutter konfirmiert." (Niemann war bei dem Pastor R. in Gehlenbeck erzogen.) Wenn das Examen vorbei wäre, sollte ich zu ihm kommen. Da haben wir zusammen geraucht und ein Glas Wein getrunken. Einen fragte Niemann: „Kennen Sie Ritschl?" Auf die Verneinung sagte er: „Ich nehme es Ihnen nicht übel." (Während meiner Studienzeit wurde Ritschl noch nie genannt.) N. gab uns nun in gedrängter Kürze eine Darstellung der Ritschl'schen Lehre, von der er wenig hielt. Als der Professor M. ihm das Gesicht zuwandte, sagte er: „Sie sehen mich ja so an, Herr Professor." „Ich sah auf die Uhr", antwortete er. In dem einen Aufsatze hatte ich den Wunsch ausgesprochen, Gott möchte unserer Kirche ein neues Pfingsten schenken. Beckhaus hatte an den Rand geschrieben: Phrase. Dafür habe ich ihm später gedankt.

In Münster suchten mich zwei Männer der Prüfungs-Kommission zu bereden, die wissenschaftliche Staatsprüfung für Theologen auch gleich zu machen. Ich lehnte es aber ab, weil ich mich nicht darauf vorbereitet hatte. Ich machte sie in Stettin. Einer machte sie mit mir, der das erste Mal durchgefallen war.

Das zweite theologische Examen machte ich mit einem zusammen, der älter war als wir anderen, weil er vorher Jura studiert und die Referendar-Prüfung gemacht hatte. Er mußte den Einzug Jesu in Jerusalem nach Lukas übersetzen. Er übersetzte: „Als er auf den Ölberg hinaufging". Der Generalsuperintendent unterbrach ihn und nannte das griechische Wort in fragendem Tone. „Ja, eigentlich heißt es hinabging", verbesserte er sich. Das ‚hinabging' ist für ihn von übler Vorbedeutung gewesen. Denn hinauf wollte es mit ihm nicht gehen. Ordiniert wurde er, blieb aber fast sein Leben lang Pfarrverweser. Pfarrer wurde er erst einige Jahre vor seinem Tode. Er sprach so schnell, daß man ihn schwer verstehen konnte.

Damals mußten die Kandidaten zwischen dem ersten und zweiten Examen sechs Wochen an dem Unterricht auf dem Seminar teilnehmen, um später Ortsschulinspektor werden zu können. Ich ging nach Reichenbach. Es dauerte nicht lange, da hatte ich wieder einen Lehrgang in Stenographie im Gange, an dem Seminaristen und Präparanden teilnahmen. Ich hatte aber den Direktor nicht um Erlaubnis gefragt, und das nahm er mir übel. Die Schüler machten mir beim Abgange ein Geschenk, welches ich noch habe, denn der Unterricht war, wie immer, umsonst.

An einem Sonntage machten wir zu Dreien einen Gang nach Herrnhut, welches in drei Stunden zu erreichen war. Wir waren so früh da, daß wir vor dem Gottesdienst den Friedhof besehen konnten. Über der Pforte steht an einem Bogen die Inschrift: Ich bin die Auferstehung und das Leben. Auf dem Friedhof sind alle Gräber einander gleich und mit einer Steinplatte bedeckt. Nur drei Gräber in der Mitte unterscheiden sich von den anderen, es sind die des Grafen von Zinzendorf und seiner beiden Frauen. Auf Zinzendorfs Grabstein steht: Er war gesetzt, Frucht zu bringen. In Blasheim erzählte ich einmal von dem Friedhof in einer Predigt und sagte, es wäre schön, wenn unser Friedhof auch eine solche Inschrift hätte. Am nächsten Sonntage waren 10 Mark im Klingelbeutel für Anschaffung der Inschrift. Damit war sie freilich nicht zu beschaffen, aber es kam so viel hinzu, daß sie fertig wurde. Jetzt hält sie den Vorübergehenden eine stumme Predigt über die Christenhoffnung.

Eine Kirche hat Herrnhut nicht, sondern nur einen Predigtsaal. Nach der Liturgie ging die Gemeinde wieder nach Hause und eine halbe Stunde später versammelte sie sich wieder. In keinem Gotteshause habe ich eine so musterhafte Ordnung gesehen wie hier. Da saßen die Männer, Jünglinge und Knaben, Jungfrauen und Mädchen. Die Gemeinde ist in verschiedene Chöre geteilt: Chor der Witwer, der verheirateten Brüder, der ledigen Brüder und der Knaben und die Frauen dementsprechend, alle kenntlich an der verschiedenen Kleidung. Da saßen sie und sahen weder rechts noch links und sahen sich nicht um und redeten nicht miteinander. Der Prediger hatte keinen Talar an. Die Predigt war schlicht und biblisch.

Zu Mittag aßen wir in einem Gasthaus, welches der Gemeinde gehört. Junge Leute, welche mit uns aßen, luden uns zu dem Liebesmahle des Chores der ledigen Brüder ein, welches nachmittags gefeiert wurde. Wir folgten der Einladung und saßen mit den Jünglingen an gedeckten Tischen, tranken Tee und aßen Korinthenbrötchen dazu. Währenddessen sang die Gemeinde und ein Chor. Geredet wurde nicht. Ein Brötchen habe ich aufgehoben, solange es möglich war. Nach der Feier besahen wir das Missions-Museum, in dem ein alter Missionar die nötigen Erklärungen gab. Dann machten wir noch einen Rundgang durch die Stadt.

Nächst Luther hat kein Mann in der evangelischen Kirche soviel Frucht geschafft, wie der Graf von Zinzendorf. Über 200 Jahre hat sein Werk Bestand gehabt, und es wird auch weiter Bestand haben.

Als wir uns abends Reichenbach näherten, war dort Feuer ausgebrochen. Die Reichenbacher hatten nichts dagegen, daß ich in den Stadtbrunnen stieg und die Feuereimer füllte. Der Bürgermeister ermahnte mich zur Vorsicht, zeigte aber kein Verlangen, mich abzulösen.

Einen mehrtägigen Ausflug machten wir nach dem Riesengebirge. Wir waren auf der Schneekoppe, wo wir eine herrliche Aussicht nach Schlesien und Böhmen hatten. Unter uns waren Wolken, welche die Städte und Dörfer verdeckten. Wir dachten nicht an die Menschen da unten, sondern freuten uns der weiten Aussicht. Den weitesten Blick hat Gott über die ganze Welt. Aber soviel er auch sieht, er übersieht den Einzelnen nicht. Darum sagt Luther in der Erklärung des ersten Artikels: Ich glaube, daß Gott mich geschaffen hat samt allen Kreaturen. Er stellt sich allen anderen Geschöpfen gegenüber, weil Gott über der ganzen Schöpfung den Einzelnen nicht vergißt. Wir gingen etwas nach Böhmen hinunter und stiegen dann wieder hinauf zur Elbquelle. Es war an einem Sonntagmorgen, als wir an der Quelle standen, über die man springen konnte. So klein fängt der Strom an, der an seiner Mündung große Schiffe trägt. Wir sangen ein Morgenlied, denn es war früh, und begannen den Abstieg. Wir besuchten die Kirche in Wang, die kleinste in Schlesien und im ganzen Lande. Sie ist auf Befehl des Königs Friedrich Wilhelm IV. von Norwegen hierher gebracht. In Norwegen sind viele Kirchen aus Holz, weil es in steinernen zu kalt ist. Dankbar für alles Geschaute kehrten wir auf unser Seminar zurück.

Ostern 1981 meldete ich mich zum zweiten Examen, bekam aber keine Antwort, weil meine Meldung verlorengegangen war. So mußte ich meine Zeugnisse nochmal beschaffen und mich nochmal melden. Jetzt waren noch sechs Wochen bis zur Ablieferung der Arbeiten, zu deren Fertigstellung ich die Nacht zu Hilfe nehmen mußte.

Während meines letzten Jahres in Züllchow erkrankte mein Vater, und Himmelfahrt besuchte ich ihn. Er konnte das Bett nicht mehr verlassen. Ich wollte zu Himmelfahrt in Gehlenbeck predigen, damit er es noch erlebte. Pastor M. überließ mir die Kanzel, und außer ihm sagte ich niemandem davon. Als ich vor dem Altar stand und die Augen der Gemeinde auf mich gerichtet sah, bebten mir die Knie dermaßen, daß ich immer von einem Bein auf das andere trat, um meine Erregung zu verbergen. Mein Vorhaben gelang, und im August starb mein Vater.

Nach dem zweiten Examen blieb ich noch anderthalb Jahre in der Anstalt, um ihr mit ungeteilter Kraft dienen zu können. Alles, was ich hier zu tun hatte, war eine Vorbereitung für das Pfarramt. Viermal habe ich dort den Stoff des Konfirmanden-Unterrichts durchgearbeitet. Hin und wieder habe ich auch gepredigt. Der Generalsuperintendent Jaspis sagte einmal, er freue sich auf die Predigt, die er über drei Wochen zu halten habe. Die Rede verstand ich nicht, denn ich trug sechs Wochen vorher Sorge, wenn mir eine Predigt bevorstand und brauchte einen ganzen Tag, um sie auswendig zu lernen. Wenn ich auf meinen Lebensweg zurücksehe, vergesse ich nicht, Gott dafür zu danken, daß er mich nach Züllchow gebracht hat. Eine bessere Schule für das Pfarramt hätte ich nicht finden können. Einmal war ein pommerscher Pastor unser Gast, der sagte, es wäre immer sein Wunsch gewesen, Oberhelfer in Züllchow zu werden. „Sehen Sie, Husemann", sagte Jahn zu mir, „welchen Vorzug Sie haben." Das ist ganz auch meine Meinung.

6. In Schildesche

Etwa ein halbes Jahr vor meinem Abgange von Züllchow war unser Vorsteher in Schildesche, um seinen Jugendfreund, den Pastor Siebold, zu besuchen. Die Folge dieses Besuches war ein Brief des Superintendenten Huchzermeier in Schildesche, der mich als Vikar haben wollte. Der Konsistorialrat Niemann, an den ich deshalb schrieb, antwortete mir, bessere Lehrmeister als Huchzermeier und Siebold könne ich nicht bekommen. Und das hat sich bestätigt. Wenn ich für Züllchow danke, für Schildesche danke ich nicht minder. Huchzermeier war der Minister des Äußeren, Siebold der Minister des Innern. Bei Huchzermeier lernte ich das amtliche Schreibwerk kennen. Ostern 1883 ging ich nach Schildesche. Als ich meinen Dienst antrat, sagte Huchzermeier, ich solle nicht bloß sein Schreiber sein, sondern selbständig arbeiten. Er erklärte mir den Fall, der gerade zu bearbeiten war, und fragte, ob ich's verstanden hätte. Sagte ich nein, dann gab er mir mit derselben Freundlichkeit die Erklärung noch einmal. Es waren wohl nur wenig Personen in Westfalen, die ihm an Kenntnis der Kirchenordnung gleich kamen. Einmal hatte der alte Volkening ihn zu sich gebeten, um einen schwierigen Rechtsfall mit ihm zu besprechen. Von der Kirchenordnung sagte Volkening, sie wäre gemacht, um die Pastoren zu ärgern. Als Huchzermeier sich die Kirchenordnung von Volkening geben ließ, zeigte sich, daß sie nicht aufgeschnitten war. Wer weiß, was ein kirchliches Lagerbuch ist, der weiß es zu würdigen, daß Huchzermeier das Lagerbuch von Schildesche völlig neu bearbeitet hat. Jahrelange, mühevolle Arbeit hatte es gekostet, bis es fertig war. Es waren zwei Bände, welche wir beide verglichen, den einen für das Konsistorium, den anderen für die Gemeinde. Einmal sagte er: „Wenn ich denke, es könnte bei uns Feuer ausbrechen, dann ist meine erste Sorge, daß das Lagerbuch gerettet wird."

In Schildesche bestand die auffallende Einrichtung, daß die Katechumenen im Sommer mit den Konfirmanden zusammen unterrichtet werden und im Winter keinen Unterricht hatten. Bei diesem Unterricht mußte ich Huchzermeier vertreten. Die Schar der Kinder war so groß, daß sie hätte geteilt werden müssen.

Jeden vierten Sonntag hatte ich in Schildesche zu predigen. An den anderen Sonntagen mußte ich meistens in der Synode vertreten. So lernte ich in der reformierten Kirche Bielefelds den Kommerzienrat Bansi kennen, der der eigentliche Gründer von Bethel ist. Auf seine Veranlassung wurde Pastor v. Bodelschwingh berufen.

Einmal predigte ich in Heepen. Nachmittags fragte ich in der Christenlehre nach einem Menschen in der Bibel, von dem wir wüßten, daß er selig geworden ist. Ein Junge antwortete: „Wahrlich". Er hielt das Wahrlich des Heilandes für einen Eigennamen. Als ich dem Superintendenten das erzählte, meinte er, der Junge müßte für seinen Einfall eine Prämie haben. Einmal schickte mich der Superintendent nach Vilsendorf zu einer Frau, welche um einen Besuch gebeten hatte. Ich würde nicht viel zu reden brauchen, sagte er, das besorge sie selber. So war es auch. Sie stammte aus der Schule des alten Volkening. Ihr drittes Wort war: „Völkerding (so hieß V. bei den Leuten) säe." Oft hätte er gesagt, ein Christ müsse jeden Tag ein Sterbelied singen.

Leute aus Brake baten mich, ihnen eine Bibelstunde zu halten. Bibelstunden wurden wohl gehalten, aber nur im Sommer und an zwei Stellen, in Brake nicht. Huchzermeier war damit einverstanden. Die beiden Klassenzimmer der Schule waren ganz voll, so daß ich auf dem Flur sprechen mußte. Das ist fünfzig Jahre her, und was ist seitdem aus Brake geworden? Eine Stadt mit Kirche und Pfarrer.

Zu Weihnachten sollte eine öffentliche Armenbescherung stattfinden, und ich sollte dafür sammeln. Als ich in zwei Häusern gewesen war, gab ich es dran. Die Bescherung fand statt, und eine Frau fehlte. Am folgenden Tage holte sie sich ihr Teil. Sie war dagewesen, hatte sich aber geschämt, sich öffentlich als arm zu zeigen. Daran sieht man, daß öffentliche Armenbescherungen verkehrt sind. Das Schamgefühl der Armen wird dadurch erstickt.

Weil die Synode Bielefeld so arm war, daß sie das Gehalt des Synodal-Vikars nicht ganz aufbringen konnte, so mußte ich es zum Teil durch Unterrichten verdienen. Einer meiner Vorgänger hatte eine gutgehende Privatschule gehabt und sogar ein eigenes Haus dafür gebaut. In dem Hause wohnte ich und hielt jeden Morgen zwei Stunden Schule darin. Meine Schüler und Schülerinnen besuchten daneben die Volksschule.

Lernte ich bei Huchzermeier das amtliche Schreibwerk kennen, so bei Pastor Siebold den Dienst an der Gemeinde. Früher war er einer der gesuchtesten Festprediger Minden-Ravensbergs. Die Seelsorge lag allein in seinen Händen. Er nahm mich mit zu Krankenbesuchen, für einen Anfänger das Schwierigste seines Dienstes. Dann besuchte ich die Kranken allein nach seiner Anweisung. Da war ein alter Mann, von dem ich gelegentlich erfuhr, wie es s. Zt. bei der Prüfung der Konfirmanden zugegangen war. Er wisse seine Frage noch, die er hätte beantworten müssen; mehr brauchte er nicht zu wissen.

Pastor Siebold hatte einen Verein für Innere Mission, der im Sommer ein Jahresfest auf dem Hofe eines Mitgliedes feierte. Alle vierzehn Tage versammelte er sich bald bei diesem, bald bei jenem Mitgliede. Siebold sprach über den Jakobus-Brief und verstand es ausgezeichnet, das Wort Gottes den Menschen nahezubringen. Nach ihm taten auch die anderen ihren Mund auf, und sie sagten nicht immer dasselbe. Ein Mitglied, ein Weber, hatte Dächsels Bibelwerk. In diesen Stunden habe ich mehr gelernt, als in manchem Kolleg.

Mit dem Rettungshause in Schildesche war damals noch eine Präparanden-Anstalt verbunden. Weil diese gerade keinen Lehrer für das Französische hatte, erteilte ich diesen Unterricht.

Das Rettungshaus, eine der ältesten Anstalten Minden-Ravensbergs, ist jetzt kein Rettungshaus mehr, weil ihm keine Fürsorge-Zöglinge mehr überwiesen wurden. Dem Rettungshause Pollertshof in Preußisch Oldendorf ist es gerade so ergangen. Früher wurden diese Anstalten von Liebesgaben unterhalten. Als sie Kostgänger des Staates wurden, hörten die Liebesgaben auf. Jetzt, wo der Staat seine Hand zurückgezogen hat, weil er arm geworden ist, wird es nicht gelingen, daß die christliche Liebe ihr früheres Amt wieder übernimmt.

Als ich dreiviertel Jahr in Schildesche gewesen war, kamen eines Tages zwei Presbyter aus Blasheim und fragten, ob ich ihr Pastor werden wolle. Zweimal hatten sie schon gewählt, aber beide Gewählten hatten abgelehnt. Jetzt hatten sie noch einmal die Wahl. Ich bat mir Bedenkzeit aus, und als ich schlüssig geworden war, bat ich zwei Presbyter, nach Hüllhorst zu kommen, um mit ihnen einiges zu besprechen. Besonders lag mir daran, zu wissen, ob das Presbyterium auch bereit sein würde, Kirchenzucht zu üben. Beide waren der Meinung, daß das keine Schwierigkeiten machen würde. Ich sagte zu. Die Probepredigt wurde gehalten und der Wahltag festgesetzt. Da erfuhr ich, daß am Tage vor der Wahl ein älterer Pastor eine Wahlpredigt halten würde. Dazu kam ein Brief eines alten Presbyters aus Blasheim an den Superintendenten Huchzermeier des Inhalts, daß mir die Stimmung der Gemeinde nicht richtig geschildert wäre. Deshalb telegraphierte ich an den Kirchmeister: „Unter obwaltenden Umständen ziehe ich mein Wort zurück". Ich war der Meinung, daß die Gemeinde sich bei einem älteren Pastor besser stände, und blieb noch gern in Schildesche.

Am Montag, dem Wahltage, hatten wir in Bielefeld Pastoral-Konferenz. Auf dem Heimwege traf ich vier Männer, welche nach Schildesche gingen. Einen kannte ich als einen Blasheimer. Sie sagten aber nicht eher, was sie wollten, als bis sie in meiner Stube waren. Hier überreichten sie mir einen Brief, in dem stand, daß sie mich gewählt hätten. Die Namen der Wähler waren unterschrieben. Es fehlten nur einige. Nach Jahr und Tag erfuhr ich, daß der Kirchmeister mein Telegramm für sich behalten hatte. Auf meine Frage, warum er es nicht bekanntgegeben, sagte er, ich hätte ja die Umstände gar nicht gekannt. Der Presbyter, der den Brief nach Schildesche geschrieben, ist seitdem nicht mehr zur Kirche gegangen. Als er endlich wiederkommen wollte, starb er.

Ich machte meinen letzten Krankenbesuch in Schildesche bei einer schwerkranken Wassersüchtigen. Nachdem ich sehr ernst mit ihr geredet und mich verabschiedet hatte, sagte sie: „Ei, watt häwwe ick hört, kriet Se ... sien Dochter?" Ich meinte, ihre Gedanken wären beim Sterben und Seligwerden, und sie dachte an meine Verheiratung. Die Rektorin L., bei der ich mich auch verabschiedete, gab mir den Rat, mich bald zu verheiraten. „Denn", sagte sie, „es ist nicht gut, wenn der Mensch immer seinen Willen kriegt."

7. In Blasheim

In der Woche vor meiner Einführung kamen drei Presbyter mit einer Kutsche, um mich zu holen. Die Kutsche hatten sie geliehen, weil in der ganzen Gemeinde niemand eine hatte. Außerdem kamen zwei Leiterwagen, meine Sachen zu holen. Es war nicht leicht, meinen Hausrat so zu verteilen, daß auf jeden Wagen etwas kam. Am Ausgang von Holzhausen kamen uns vier Reiter auf Schimmeln entgegen, welche sofort kehrt machten und uns anmeldeten. An der Grenze der Gemeinde grüßte ein Ehrenbogen. Im ganzen habe ich siebzehn gezählt. Bei dem Bogen wartete eine große Menschenmenge, darunter die Lehrer mit den Schulkindern. Wir machten Halt. Da ließ sich eine Stimme hören: „Hochgeehrter Herr Pastor!" Weiter kam der Redner nicht, denn die Schüler stimmten an: Lobe den Herren, den mächtigen König der Ehren. Dagegen konnte der Redner nicht an. Seine Rede stand nicht im Programm. So hatte er es sich selbst zuzuschreiben, daß er sein Pulver auf der Pfanne behielt. Als wir in Blasheim einzogen, läuteten die Glocken und ein Hagelschauer ging nieder. Der Platz zwischen Kirche und Pfarre war voller Menschen. Ich stieg auf die Pfarrhofs-Mauer und sagte etwa folgendes: Die alte Kirche hätte das Verhältnis eines Pastors zu seiner Gemeinde angesehen, wie das eines Mannes zu seiner Frau. So sähe ich es auch an. Nun wollte ich annehmen, daß manche unter ihnen es gemacht hätten wie Isaak. Als er die Rebekka erwartete, ging er aufs Feld, um zu beten. Im Pfarrhause waren die Presbyter versammelt, welche mich begrüßten und jedem Schulkinde einen Stuten gaben. Endlich war ich allein und konnte mich im Pfarrhause umsehen. Es stammte aus dem Jahre 1697 und hatte die Form eines Bauernhauses. Über der Einfahrt stand: Justus sicut palma floret cedrus Libani (Der Gerechte wird blühen wie ein Palmbaum, wie eine Ceder auf Libanon); Psalm 92, 13. Als ich in die Speisekammer kam, war ich erstaunt über die Fülle. Für ein halbes Jahr war Vorrat an Fleischwaren darin. Sogar ein Messer zum Brotschneiden war da und ein kleines Beil zum Holzhauen.

Eingeführt wurde ich vom Superintendenten Volkening in Holzhausen, der über 25 Jahre mein nächster Nachbar gewesen ist und sich in guten und bösen Tagen als ein „guter und getreuer Nachbar" erwiesen hat. Mein Großvater und der Bruder meines Vaters nahmen an der Feier teil. Überall waren an und in der Kirche passende Sprüche angebracht. An der Tür, durch welche ich mußte, stand: Rufe getrost und schone nicht, Jes. 58, 1. An das Wort habe ich oft in meinen Predigten erinnert. Über der Beichtkammer-Tür stand: Da sie gebetet hatten, bewegte sich die Stätte, Apostel-Gesch. 4, 31. An der Einführung nahmen auch zwei Schildescher teil, welche in Schildesche meine Nachbarn gewesen waren. Einer von ihnen hatte dem Superintendenten Huchzermeier erzählt, ich hätte in meiner Einführungs-Predigt versprochen, die Gebühren und die Landpacht herabzusetzen. Huchzermeier schrieb mir, er könne sich nicht denken, daß ich eine solche Torheit begangen hätte. Ich hatte als Text das Evangelium des zweiten Sonntags nach Ostern gehabt und bei der Anwendung von der Beschreibung des Mietlings gesagt: „Gott möge mich davor bewahren, daß mir die Gebühren und die Landpacht die Hauptsache wären." Es ist unglaublich, was manche aus einer Predigt heraushören.

Kirche Blasheim vor dem Umbau 1910

In der Woche nach meiner Einführung kam eine Frau und erinnerte an meine Worte auf der Pfarrhofsmauer. Ich hätte es nur auch machen sollen wie Rebekka, welche vom Kamele stieg als sie den Isaak sah. Ich hätte die Kutsche verlassen und nach Blasheim hinein gehen sollen. Statt dessen wäre ich sitzen geblieben. Wenn die Blasheimer alle so offen sind, dachte ich, dann kann es noch gut werden. Nach einigen Wochen kam die Frau wieder und fragte, ob ich ihr böse wäre. Als ich nein sagte, fragte sie noch einmal und konnte es gar nicht glauben, daß sie mich nicht beleidigt hätte. Nun wußte sie gar nicht, was sie mir zugute tun sollte. Zwei ihrer Kinder wollten nach Amerika. In solchen Fällen war es Sitte, daß eine Fürbitte im Gottesdienst für gute Überfahrt bestellt wurde. In früheren Jahrzehnten waren so viele aus der Gemeinde nach Amerika ausgewandert, daß auf einem Schiffe 200 Blasheimer gewesen waren. Es kam vor, daß die Kinder der Auswandernden an einem früheren Termine konfirmiert wurden. Auf seiner Reise von New York bis San Franzisko konnte mein Sohn manche Blasheimer besuchen. Die genannte Frau bestellte keine Fürbitte für ihre Kinder. Kaum war das Schiff in der Nordsee, da mußte es eines Unfalls wegen in den Hafen zurückkehren. Sofort kam die Frau und holte das Versäumte nach.

Ehe ich nach Blasheim übersiedelte, besuchte ich meinen Vorgänger, der in Ubbedissen lebte. Er sagte, solange er in Blasheim gewesen, hätte er versucht, die Leute zu bewegen, daß sie zu Anfang des Gottesdienstes in die Kirche gingen, statt auf dem Kirchhofe herumzustehen. Es wäre ihm aber nicht gelungen. Jetzt sollte ich es versuchen. Ich habe es versucht, und es ist gelungen, wenn auch sehr allmählich. In der Predigt über die Liturgie sagte ich, daß die, welche nicht in der Liturgie gewesen wären, eigentlich nicht in den Gottesdienst gehörten. Es gibt wenig Menschen, die gegen wiederholte Bitten taub sind.

Als ich meine Probepredigt halten wollte, suchte der alte Kantor mich zu bewegen, den Segen, wie üblich, nach der Predigt auf der Kanzel zu sprechen, damit die, welche bei der Taufe nicht dableiben wollten, nach Hause gehen könnten. Diese Unsitte kannte ich von Gehlenbeck her, wo während der Taufe ein fortwährendes Gehen war. Weil ich den Segen erst zuletzt sprach, blieben die Leute ruhig da. Während des letzten Schlußverses gingen schon etliche hinaus, so daß das Schlußgebet der Dagebliebenen gestört wurde. Eines Sonntags sagte ich, sie hätten mir schon so manche Bitte erfüllt, jetzt sollten sie auch noch die erfüllen, daß alle den letzten Vers ganz mitsängen. Nach dem Verse schwieg die Orgel ohne Nachspiel, das Gebet wurde durch nichts gestört, und dann erst gingen alle hinaus.

Während meines ersten Jahres in Blasheim habe ich keine Gemeinde-Sünden gestraft. Ich wollte die Gemeinde erst gründlich kennenlernen. Am Abend vor meiner Probepredigt lobte der alte Kantor, bei dem ich wohnte, die Gemeinde nach allen Richtungen. Da kam einer und erzählte, daß ein Schwein gestohlen wäre, was zu der Lobrede des Kantors schlecht stimmte. Aber recht hatte er doch mit seinem Lobe. Die Dieberei trieben nur einige wenige. Der Hauptdieb war mir dem Namen nach von Kindesbeinen an bekannt. Wenn wir als Kinder nicht ruhig sein wollten, hieß es wohl: „M. kump!" Dann waren wir gleich still. Nun war dieser berüchtigte Mann mein Gemeindeglied. Eines Sonntagnachmittags besuchte ich ihn. Sein Haus lag so nahe am Waldesrand, daß man von der Seitentür in den Busch springen konnte. Er war allein zu Hause. Vor dem Fenster stand eine Branntweinflasche. Seine Frau hatte ihn verlassen, weil er sie mit dem Tode bedroht hatte. „Jetzt habe ich den Charakter meiner Frau durchschaut", sagte er. „Jetzt werde ich sie mir erziehen." In der Nachbarschaft hatte sie sich auf dem Boden versteckt. Er suchte sie, um sie umzubringen, fand sie aber nicht. Die

Hälfte seines Lebens hatte er im Zuchthaus zugebracht. Schon als Schüler hatte er gestohlen. Jetzt war er noch auf freien Füßen, aber nicht mehr lange. Er wurde von der Polizei gesucht. Bei einem Bauern am Bergesrande forderte er Essen. Dem Bauern zeigte er sein Messer, mit dem er seiner Frau den Hals abschneiden wolle. Der Bauer schickte dem Vorsteher Bescheid und dieser brachte es fertig, den gefährlichen Mann zu verhaften. Er hatte soviel auf dem Kerbholze, daß er fünfzehn Jahre Zuchthaus bekam. Während dieser ganzen Zeit habe ich für ihn gebetet, daß Gott ihm noch Raum zur Buße geben möchte. Ich sah es halb schon als Erhörung an, daß er nach Ablauf der Strafzeit zuerst zu mir kam, damit ich ihm zur Arbeit helfe, denn stehlen wolle er nicht mehr. Er hätte sich, sagte er, auch so betragen können, daß er noch eine Zusatzstrafe bekommen hätte. Er habe es aber nicht getan, „weil ich die Burg noch einmal sehen wollte." Burg wird in Obermehnen die Babilönie genannt.

Meine Bemühungen für ihn waren vergeblich, weil jedermann seinen Umgang scheute. So verdiente er sein Brot mit Besenbinden. Daß er noch gestohlen, hat man nicht gehört. Das Trinken ließ er nicht. Im Zuchthause, erzählte er mir, hatten sie sich Branntwein zu verschaffen gewußt. Seine Wohnung wechselte er oft, weil die Leute seine Spöttereien nicht hören wollten. Einmal traf ich ihn am zweiten Pfingst-Nachmittage auf dem Heimweg. Man sah, daß er zuviel getrunken hatte. „Wann werden Sie wohl klug?" fragte ich ihn. „Wenn Sie mir den Deckel auf der Nase zuklappen", war seine Antwort. Klug ist er nicht geworden, sondern im Dilirium gestorben. Er war begabt, aber er mißbrauchte seine Gaben und verwüstete sein Leben.

Als ich anfing, gegen den Branntwein zu predigen, sagte einer, es wäre den Leuten lieber, wenn ich den Branntwein in Ruhe ließe. Ihm wäre es besonders lieb gewesen, denn er trank gern. Einige wenige hatten den Mut, den Branntwein bei der Dreschmaschine abzuschaffen. Während meines ersten Vierteljahres hatte auch einer den Mut, ihn bei der Leichenfeier abzuschaffen. Seine Frau war in den besten Jahren gestorben. Er hielt das Branntwein-Schenken bei Leichenfeiern für unrecht, und ich möchte ihm helfen, wenn er mit dieser Unsitte breche. Das tat ich gern. Ebenso gern half ich einer neuen jungen Hebamme, welche es für unrecht hielt, die Kinder nach der Taufe ins Wirtshaus zu bringen, wo die Paten Branntwein geben mußten. Seitdem ist es nicht mehr geschehen.

Ein Kreuz für die Gemeinde ist der Markt, welcher am Sonntagnachmittag und Montag gehalten wurde. Wenn die Christenlehre zu Ende war, stürzten die Kinder auf den Markt. Nach ihm wurden Familien-Ereignisse gerechnet, wie nach den hohen Festen. Weil wir einen gut christlichen Amtmann hatten, bat ich ihn um seine Hilfe, damit der Markt vom Sonntag wegkäme, denn Sonntagssünden wiegen doppelt. Er sagte zu. So beantragte das Presbyterium bei der Gemeindevertretung, ihren Einfluß in diesem Sinne geltend zu machen. Die Gemeindevertretung wurde beim Oberpräsidenten vorstellig, und dieser verlegte den Markt in die Mitte der Woche. Ein Bauer der Gemeinde war bereit, der Gemeinde den Einnahme-Ausfall zu ersetzen, wenn der Markt aufgehoben würde. Der Markt bedeutete so viel, daß sogar der Schulunterricht ausfiel. Auf meine Anfrage entschied die Regierung, daß am Markttage Schule gehalten werden sollte. Dienstboten und Kinder bekamen ihr Marktgeld. In den Jahren nach dem französischen Kriege ging kaum ein Markt vorüber ohne schwere Körperverletzung mit tödlichem Ausgang. Ähnliches ist in den letzten fünfzig Jahren nicht vorgekommen. Die Konfirmanden und Katechumenen bat ich, etwas von ihrem Marktgelde für die Mission zu geben. Um dasselbe bat ich die Gemeinde an dem Sonntage vor dem Markte. Und sie taten nach meiner Bitte.

Weil sich das Markttreiben mit dem Wandel auf dem schmalen Wege nicht vereinigen läßt, legte ich dem Jungfrauenverein nahe, ihm fern zu bleiben. Etliche widersprachen und verließen den Verein. Eine Frau sagte, ihr käme der Markt vor, wie der Vorhof der Hölle. Weil die Arbeit am Markttage ruhte, hielt ich in einem Bauernhause eine Feier. Später wurde sie auf Obernfelde für die Vereine gehalten, bei der von zwei Pastoren gepredigt wurde. Die Kollekte war für die Mission.

Als ich die Probepredigt hielt, bat mich der Kantor, beim 3. Artikel das „allgemeine" fortzulassen. Das wäre so Herkommen, ein Gegensatz zur Union. Vor dem Amtsantritt meines Vorgängers sagten etliche, sie bekämen ihn nicht, weil er in dem Rufe stand, reformiert zu sein, und sie um einen lutherischen Pastor gebeten hätten. Und wenn er auch käme, er müsse wieder fort. Als er dennoch kam und blieb, sagten sie, sie hätten verkehrt gebetet. In Preußen gäbe es keine lutherischen Pastoren. So traten sie aus der Landeskirche aus und schlossen sich der Breslauer Freikirche an. Mein Vorgänger fragte bei der Taufe: „Entsagst du dem Bösen?" Ein Pate antwortete: „Ich entsage dem Teufel." Daß das lutherische Bekenntnis in der Gemeinde viele Freunde hatte, entsprach meinen Wünschen. Die Altlutherischen meinten, es fehle an meinem Luthertum nur eins: ich müßte übertreten.

Was die beiden Presbyter bei unserer Unterredung in Hüllhorst versichert hatten, ist durch das Verhalten des Presbyteriums bestätigt. Einige Male hat das Presbyterium unbußfertige Trunkenbolde vom heiligen Abendmahl ausgeschlossen. Die Maßregel ist nicht vergeblich gewesen.

Verschiedene Fälle vom Selbstmord kamen vor, aber nie bin ich um Mitwirkung bei der Beerdigung von Selbstmördern gebeten worden. Gegen Abend wurden sie ohne Geläut begraben. Die Kinder lernten beim 5. Gebot, daß der erste Teil desselben heiße: Du sollst nicht töten und der zweite: Du sollst den andern nicht töten. Den Selbstmord zu verbieten ist viel nötiger, als den Mord zu verbieten. Kommt er doch in Deutschland 17 000 mal in einem Jahre vor. Und es liegen mehr Selbstmörder auf dem Friedhofe, als Hand an sich gelegt haben. Im Sterbe-Register fand ich viele Todesfälle, welche eine Folge der Trunksucht waren.

Sakristei der Kirche Blasheim

Kirche Blasheim und das alte Pfarrhaus in der Zeit vor der Jahrhundertwende

Unsere Bauten

Die Gemeinde Blasheim ist in der seltenen Lage, ihren Geburtsschein zu besitzen und zwar in doppelter Ausführung. Im Jahre 1492 hat der Bischof Heinrich von Minden, ein Graf von Schaumburg, sie von Lübbecke abgezweigt. Wahrscheinlich hat er die Kirche mit einem Gewölbe versehen, weil sein Wappen in dem Schlußstein des Gewölbes in einem Seitenschiff sitzt. Die Stiftungs-Urkunde, auf Pergament und plattdeutsch, fängt also an: „Upp dat de Dynghe, de in der Tyd scheen unde verhandelt werden, nich met der Tyd vergan, is vonnöden, de Todechtnisse der Mynschen met Schriften to befestende". Das 400jährige Jubiläum der Gemeinde wurde gefeiert, wobei der Pastor der Muttergemeinde Lübbecke die Rede hielt. Der Schlußstein eines Gewölbes im Hauptschiff hat das Wappen von Lübbecke. In dem Jubiläumsjahre baute die Gemeinde ein neues Pfarrhaus, weil das alte baufällig geworden war.

Der Kirchbau. Einen Kirchensitz hatten nur die Kolone. Ihre Heuerlinge benutzten ihn auch. Die Neubauern hatten keinen Sitz, weil sie bei der Verteilung der Sitze noch nicht vorhanden waren. Im Laufe der Zeit war aber die Zahl der Neubauern fast so groß geworden, wie die der Kolone. Sie bezahlten ihre Kirchensteuer und hatten keinen Anspruch auf einen Sitz. Ein Neubauer fragte mich, was zu tun wäre, damit wir eine freisitzige Kirche bekämen. Meine Antwort hieß, das wäre möglich, wenn die Kirchenvertretung eine Erweiterung der Kirche beschlösse. Als eine Mehrheit dafür vorhanden war, wurde die Erweiterung beschlossen. Während des Baues gingen bei den Stuhlbesitzern Listen herum, in denen fast alle auf Entschädigung für ihre Sitze verzichteten, wenn sie für die Entschädigung keine Kirchensteuer aufzubringen brauchten. Von Ende April bis Ende Oktober haben wir auf dem Kirchhofe Gottesdienst gehalten und sind in dem regenreichen Sommer nur zweimal naß geworden. Husten habe ich nie gehört.

Man sagt, wenn ein Pastor eine Kirche gebaut habe, müsse er in eine andere Gemeinde gehen, um des Unfriedens willen, der dabei unvermeidlich ist. Zweimal habe ich an einer Kirchweih teilgenommen, bei der die Gemeinde von dem Pastor gescholten wurde. In dem einen Falle ging es mir durch und durch, weil der Pastor seine Gemeinde früher immer gelobt hatte. Wir haben in Blasheim Pfarrhaus, Kirche und Gemeindehaus gebaut und keinen Streit dabei gehabt.

Zwei Jahre nach dem Kirchbau bat ich die Gemeindevertretung um den Bau eines Gemeindehauses, damit wir ein würdiges Konfirmandenzimmer bekämen und die kirchlichen Vereine einen Verbleib hätten. Ein Konfirmandenzimmer hatten wir aus dem Jahre 1713, welches die Stiftung einer adligen Frau war und zu Schulzwecken bestimmt war. Es war hundert Jahre lang das einzige Schulzimmer im Dorfe. Ein Pult für den Lehrer hatte es nicht; er mußte stehen. Besser als das Lokal war seine Inschrift über der Tür: Si Christum discis, satis est, si coetera nescis. Das ist die erste Hälfte des Wahlspruches von Philipp Melanch-

Anbau des Südschiffes der Blasheimer Kirche im Jahre 1910. Rechts vor dem Fahrrad: Baumeister Heinrich Brinkhoff (der später tödlich verunglückte); links vor dem Fahrrad: Baumeister Gottlieb Haake. Das Kind im Vordergrund ist der Pfarrerssohn Richard Husemann, der später Arzt wurde. Auf dem Gerüst sitzend: Kirchmeister Post.

Festordnung

für die Einweihung der Kirche in Blasheim
am Donnerstag den 3. November 1910.
Anfang: Nachmittags 2½ Uhr.

I. Festzug vom Kantorate aus:
1. Posaunen. 2. Lehrer mit Konfirmanden und Katechumenen. 3. Presbyter und Repräsentanten. 4. Baumeister und Bauhandwerker. 5. Vertreter der kirchlichen und staatlichen Behörden. 6. Geistliche.
Vor dem Haupteingange: Uebergabe der Schlüssel und Oeffnung der Kirche.

II. Feier in der Kirche.
1. **Konfirmanden und Katechumenen:** Du, meine Seele, singe.
2. **Gemeine** mit Orgel: Tut mir auf die schöne Pforte, führet mich in Zion ein. Ach, wie wird an diesem Orte meine Seele fröhlich sein! Hier ist Gottes Angesicht, hier ist lauter Trost und Licht.
   Chor: Ich bin, Herr, zu dir gekommen: Komme du nun auch zu mir. Wo du Wohnung hast genommen, Da ist lauter Himmel hier. Zeuch doch in mein Herz hinein, Laß es deinen Tempel sein.
3. **Weiherede und Weihe:** Generalsuperintendent D. Zöllner.
4. **Chor:** Ach, bleib' mit deiner Gnade Bei uns, Herr Jesu Christ, Daß uns hinfort nicht schade Des bösen Feindes List.
   Gemeine (mit Orgel): Ach, bleib' mit deinem Worte Bei uns, Erlöser wert, Daß uns beid', hie und dorte, Sei' Güt' und Heil beschert.
   Chor: Ach, bleib' mit deinem Glanze Bei uns, du wertes Licht; Dein' Wahrheit uns umschanze, Damit wir irren nicht.
   Gemeine: Ach, bleib mit deinem Segen Bei uns, du reicher Herr; Dein' Gnad' und all' Vermögen In uns reichlich vermehr'.
5. **Ansprache** des Präses der Provinzialsynode D. König.
6. **Gemeine** mit Posaunen: Gott Vater, aller Dinge Grund, Gib deinen Vaternamen kund An diesem heil'gen Orte. Wie lieblich ist die Stätte hier! Die Herzen wallen auf zu dir; Hier ist des Himmels Pforte. Wohne, Throne Hier bei Sündern, als bei Kindern, voller Klarheit; Heil'ge uns in deiner Wahrheit.

Frauen und Kinder mit Orgel: Sohn Gottes, Herr der Herrlichkeit, Dies Gotteshaus ist dir geweiht; O laß dir's wohlgefallen! Hier schalle dein lebendig Wort, Dein Segen walte fort und fort In diesen Friedenshallen. Einheit, Reinheit Gib den Herzen; Angst und Schmerzen tilg' in Gnaden; Heil' uns ganz vom Sündenschaden.

7. **Liturgie:** Superintendent K u h l o.
8. **Gemeine** mit Posaunen: Gott heil'ger Geist, du wertes Licht, Wend' her dein göttlich' Angesicht. Daß wir erleuchtet werden. Geuß über uns und dieses Haus ~~~~~~~~~~~ allmächt'gen Flammen aus; Mach himmlisch uns auf Erden. Lehrer, Hörer, Kinder, Väter, früher, später geht's zum Sterben. Hilf uns Jesu Reich ererben.
9. **Predigt:** Pastor H u s e m a n n.
10. **Gemeine** mit Posaunen: Gott ist gegenwärtig! Lasset uns anbeten Und in Ehrfurcht vor ihn treten. Gott ist in der Mitten! Alles in uns schweige Und sich innigst vor ihm beuge. Wer ihn kennt, Wer ihn nennt: Schlagt die Augen nieder, Kommt, ergebt euch wieder.

    Frauen und Kinder mit Orgel: Herr, komm in mir wohnen; Laß mein' Geist auf Erden Dir ein Heiligtum noch werden. Komm, du nahes Wesen; Dich in mir verkläre, Daß ich dich stets lieb' und ehre. Wo ich geh', Sitz' und steh', Laß mich dich erblicken Und vor dir mich bücken.

11. **Schlußliturgie:** Generalsuperintendent D. Z ö l l n e r.
12. **Gemeine** mit Orgel und Posaunen stehend unter Glockengeläut: Nun danket alle Gott Mit Herzen, Mund und Händen, Der große Dinge tut An uns und allen Enden; Der uns von Mutterleib Und Kindesbeinen an Unzählig viel zu gut Und noch jetzund getan.

    Frauen und Kinder mit Orgel: Der ewig reiche Gott Woll' uns bei unserm Leben Ein immer fröhlich Herz Und edlen Frieden geben Und uns in seiner Gnad' Erhalten fort und fort Und uns aus aller Not Erlösen hier und dort.

    Gemeine mit Orgel und Posaunen: Lob, Ehr' und Preis sei Gott, Dem Vater und dem Sohne Und dem, der beiden gleich, Im höchsten Himmelsthrone, Dem dreimaleinen Gott, Als es anfänglich war Und ist und bleiben wird Jetzund und immerdar!

13. **Beim Ausgang: Chor:** Der Herr ist mein Hirt.

Die Kollekte ist für die ärmste westfälische Diasporagemeine, welche eine Kirche baut.

Die Nachfeier findet im Hause des Presbyters M e i e r statt.

thon, welche man frei übersetzen kann: Christum lieb haben ist besser als alles wissen. Ein tröstliches Wort für diejenigen, welche wenig lernten, nur schade, daß sie es nicht verstanden. Diese Inschrift ist das Einzige, was wir von der alten Schule aufbewahrt und über einer Tür des Gemeindehauses angebracht haben. Das Gemeindehaus hat 13 000 Mark gekostet. Es wäre der Gemeinde zuviel zugemutet gewesen, wenn sie nach dem Kirchbau auch noch diese Summe hätte übernehmen sollen. Der Kirchbau hatte 51 000 Mark gekostet. Die Vertretung beschloß, ein Gemeindehaus zu bauen, wenn die Kirchensteuer deshalb nicht erhöht zu werden brauchte. Und das ließ sich machen. Die Regierung in Minden gab einen dankenswerten Zuschuß. Das andere leistete unsere kirchliche Armenkasse. Unser Armenkapital hatte sich im Laufe der letzten Jahre auf 25 000 Mark vermehrt, deren Zinsen zur Versorgung unserer Armen nicht nötig waren, weil die Alters- und Invalidenversicherung ihr manche Ausgabe ersparte. So stellten wir beim Oberkirchenrat den Antrag, den Überschuß der kirchlichen Armenkasse zur Verzinsung und Tilgung der Gemeindehaus-Bauschuld verwenden zu dürfen mit der Versicherung, daß unsere Armen nicht darunter leiden sollten. Der Antrag wurde auf sechs Jahre genehmigt und nach Ablauf der sechs Jahre wieder für dieselbe Zeit. Nach abermals sechs Jahren war das Haus bezahlt. Das Haus wird so oft benutzt, daß man nicht begreift, wie wir früher ohne dasselbe fertiggeworden sind.

Drei Balken aus der alten Kirche sind im Gemeindehause angebracht, zwei drinnen und einer draußen. Auf den ersten beiden steht Kolosser 3, 16 auf plattdeutsch: Lasset dat Wordt Christi richlich under ju wonen, in aller Wisheit, lehret und vormahnet ju sulbs und singet dem Herrn in juwen Herzen. Ehre si Godt in der Hogede. 1514. Also schon vor Luthers Bibel-Übersetzung hatten sie in Blasheim Gottes Wort plattdeutsch. Der dritte Balken in dem Giebel des Hauses hat die Inschrift: Gloria in eccelsis Deo: Ehre sei Gott in der Höhe! Spes mea est Christus: Meine Hoffnung ist Christus, ein reformatorischer Ton vor Luther.

Der Konfirmanden-Unterricht

Im Konfirmandenzimmer erfreute Bildschmuck das Auge der Kinder. Für den Unterricht war ich in Züllchow und Schildesche vorbereitet. Allmählich bin ich dazu übergegangen, in jeder Stunde ein Kapitel in der Bibel zu lesen; während des ersten Jahres aus dem Alten, während des zweiten Jahres aus dem Neuen Testament. Dem Unterrichte lag der kleine Katechismus Luthers zu Grunde. Er hatte bei uns nicht fünf, sondern, wie bei Pastor Braun in Gütersloh, sechs Hauptstücke, denn die Lehre von der Beichte und vom Amt der Schlüssel des Himmelreiches wurden auch gelernt und am Anfang jeder Stunde ein Hauptstück hergesagt. So ging der Katechismus den Kindern in Fleisch und Blut über.

Beim Konfirmanden-Unterrichte gewann ich im Laufe der Zeit immer mehr Gehilfen. Manchmal wußten Kinder eine Erklärung schon, wenn ich sie ihnen geben wollte. Fragte ich, woher sie es hätten, dann hieß die Antwort: „Von meiner Schwester" oder: „Von meiner Mutter". Die Kinder hatten ein Heft, welches wir Sätzebuch nannten, in welches die Erklärungen zu Hause eingetragen wurden.

Gleich im ersten Jahr hatte sich eine Konfirmandin zu Hause Aufzeichnungen von dem Durchgenommenen gemacht.

Einige Wochen vor der Konfirmation machten mich die Presbyter auf einen Übelstand bei den Konfirmanden aufmerksam. Es war Sitte, die Lehrpersonen beim Abgang von der Schule zu beschenken. Einige Wochen vorher gingen die Konfirmanden nach Lübbecke, um Geschenke auszusuchen. Gekauft wurde noch nicht. Dazu gingen sie noch einmal hin. Dann kam die ganze Schar, um die Geschenke zu überbringen, und zwar jede Schule für sich. Ich schlug den Kindern vor, einige mit dem Einkaufen der Geschenke zu beauftragen, aber das war ihnen nicht recht. Sie wollten alle mit dabei sein. Endlich bat ich die Lehrperson, auf die Geschenke zu verzichten. Das taten sie. Der Verzicht war nicht schwer, denn vielfach waren es Ladenhüter, die den Kindern aufgeredet wurden. Nun war dem Unwesen auf dem Hin- und Rückwege gesteuert. Die Kinder aber bat ich, das Geld, welches sie sonst für die Geschenke ausgegeben hatten, der Mission zu schenken, und sie waren einverstanden. Am vorletzten Abend vor der Konfirmation kamen sie ins Pfarrhaus. Es wurde ein Lied gelernt und gesungen. Dann gab jeder seinen Teil. So sind manche 50 Mark nach Barmen gegangen.

Beschenkt wurden von den Konfirmanden nicht bloß die Lehrpersonen und der Pastor, sondern auch die zurückbleibenden Mitschüler. Die Geschenke waren Bilderbogen, „gedruckt bei Gustav Kühn in Neu-Ruppin", das Stück für 5 Pfennige. Diese Bilder haben sich die Kinder von Jahr zu Jahr auf und schenkten sie beim Abgang von der Schule weiter. Um möglichst viele beschenken zu können, kauften sie noch Bilder hinzu, sogar für eine Mark. Ich bat die Konfirmanden, diese Schenkerei zu lassen. Das Geld wäre doch eigentlich weggeworfen. Stattdessen möchten sie das Geld ihrer Mutter schenken, denn sie hätten bei der Lehre von der Kirche gelernt, daß die Kirche unsere geistliche Mutter ist, und kannten das Wort Calvins: Wer die Kirche nicht zur Mutter haben will, kann Gott nicht zum Vater haben. Sie gingen ohne Widerstreben darauf ein, und nun bekam ich bei jeder Konfirmation Geld für die Ausschmückung unserer Kirche. So haben wir nach und nach soviel Altardecken anschaffen können, daß jede Zeit des Kirchenjahres ihre besondere Decke hat: schwarz, weiß, rot, grün und violett. Wir konnten nacheinander anschaffen: Taufkanne und Taufbecken, eine Hostiendose und einen Schrank zur Aufbewahrung der heiligen Geräte. Als alles vorhanden war, was eine Gemeinde haben muß, sind diese Gaben der Konfirmanden in Wegfall gekommen, aber die für die Mission sind geblieben. Später wurde es Sitte, den Kindern unmittelbar nach der Konfirmation ein Neues Testament mit Bildern zu überreichen. Der Konfirmationsschein wurde erst in der letzten Christenlehre ausgehändigt.

Die Predigt

Die Predigten hielt ich zuerst über die Evangelien und Episteln. Von einem schwäbischen Pfarrer lernte ich, mit den Evangelien und Episteln nicht jahrweise, sondern wochenweise abzuwechseln. Das ist besser, als ein ganzes Jahr nur über die Evangelien und nur über die Episteln zu predigen, und ist

Kirche Blasheim vor 1910

erfrischender. Um in einer Predigt nicht zu wiederholen, was ich in der letzten Predigt über denselben Text gesagt hatte, las ich die Predigt vorher durch. Sonst liegt das Wiederholen sehr nahe. Ein Kandidat wurde im Examen gefragt, was er täte, wenn er bei Ausarbeitung einer Predigt merke, daß er wieder in demselben Gleise wäre wie bei der letzten Predigt über diesen Text. Dann denke ich, sagte er, das haben die Leute schon wieder vergessen. Es ist ein schlechter Trost, auf die Vergeßlichkeit seiner Zuhörer zu rechnen. Oft habe ich mich gefreut, daß wir die alten Evangelien haben. Bei Krankenbesuchen zeigte sich, besonders bei Alten, daß die einzigen Bibelstellen, die im Gedächtnis haften waren, aus den Evangelien waren. Seit vierzig Jahren haben wir die neuen Evangelien und Episteln und einen Jahrgang alttestamentlicher Texte. Nun kommt ein Text alle fünf Jahre an die Reihe. Diese neuen Texte zeugen von der Weisheit derer, die sie ausgewählt haben. Wir sind besser dran, als die Pastoren in Norwegen, die gezwungen waren, sonntags und bei anderen Gelegenheiten über die alten Evangelien zu predigen. Die norwegische Missions-Gesellschaft feierte ihr fünfzigjähriges Jubiläum. Weil es in die Woche nach dem vierten Trinitatis-Sonntag fiel, mußte der Bischof als Text das Evangelium nehmen, welches anfängt: richtet nicht.

Die Bibelstunden gaben Gelegenheit, ganze biblische Bücher im Zusammenhange zu erklären. Ich fing mit dem ersten Buch Mose an und habe auch die Offenbarung Johannes erklärt. Alles in ihr kann man nicht erklären, denn die Weissagungen in der Bibel versteht niemand vor ihrer Erfüllung, wie wir bei den Aposteln sehen. Einige Jahre habe ich es auch mit Bibelstunden für Männer versucht, die ich in der Woche in meiner großen Studierstube oder in den anderen Dörfern in einer Bauernstube hielt. Ich hoffte, eine Bibelsprechstunde daraus zu machen, es gelang aber nicht. Die Besucher taten den Mund erst auf, wenn nachher die Zeitereignisse besprochen wurden.

Die Bibelstunden wurden sonst nur des Sonntags und im Winter gehalten. Die Kriegsbetstunden fanden auch in der Woche statt und wurden nach dem Kriege als Wochenbibelstunden fortgesetzt. Im Sommer wurden sie so spät gehalten, daß die Feldarbeit schon zu Ende war. So waren auch in der eiligsten Zeit immer welche da.

Der Krieg hat es auch mit sich gebracht, daß die besonderen Abendmahlszeiten aufhörten. Bis dahin konnte man das heilige Abendmahl nur empfangen, wenn gerade Abendmahlszeit war. Zwischen den Abendmahlszeiten war es nicht möglich. Wenn nun die Krieger auf Urlaub waren, wollten sie auch gern mit den Ihrigen, besonders die Männer mit den Frauen, das heilige Abendmahl feiern. Das kam während des ganzen Jahres vor. So ist es geschehen, daß das heilige Abendmahl während des ganzen Jahres gefeiert wurde. Im Grunde muß es eine Gemeinde nicht ertragen können, daß es abendmahlslose Zeiten gibt.

Krankenbesuche

Ludwig Harms sagt einmal, wenn er nicht Kranke besuchen dürfe, wolle er nicht Pastor sein. Das sage ich auch. Bei Krankenbesuchen gibt man nicht bloß etwas, man empfängt auch. Ich werde die Frau nicht vergessen, welche bei einem Besuche sagte, Gott habe ihr nie eine Bitte abgeschlagen. Wenn Gott einen Menschen von dem Volke besonders nimmt und ernst mit ihm redet, soll die Kirche auch besonders mit ihm reden. Der Mensch kann sich nicht bekehren, wenn er will, sondern wenn Gott ihn zieht. Und er zieht besonders durch Krankheit. Die meisten Menschen leben gleichgültig, aber sie sterben nicht alle gleichgültig. Wenn der Ernst des Todes sich geltend macht, bestellen viele ihr Haus. Wir Pastoren könnten uns totpredigen, wenn wir den Hilfsprediger Tod nicht hätten. Das Sonntags-Evangelium bietet oft Gelegenheit, dem Gespräche einen geistlichen Inhalt zu geben. Über die Krankenbesuche führte ich Buch, damit ja kein Kranker übersehen wurde. Durch meine Schuld ist es nicht vorgekommen, daß jemand starb, ohne daß ich ihn besucht hatte. Einige Male ist es mir begegnet, daß ich einen Krankenbesuch auf den folgenden Tag verschob, weil ich müde war. Dann ist er wohl in der Nacht gestorben. Nachher ist es mir nicht wieder begegnet.

Leichenpredigten. Ohne meine Begleitung wurde kein Toter begraben. Auch bei den sog. stillen Leichen ging ich mit, obgleich es nicht gefordert werden konnte. Bei den Leichenpredigten folgte ich einem Worte des alten Volkening, der nach der Regel handelte: Laß die Toten ihre Toten begraben, gehe du aber hin und verkündige das Reich Gottes. Der Todesfall erforderte nur einige Sätze, dann wurde der Text ausgelegt. Wenige Toten haben einen solchen Lebenslauf hinter sich, daß viel darüber zu sagen ist. Was Lobenswertes über den Gestorbenen gesagt werden kann, mag gesagt werden, aber Tiertugenden soll man nicht besonders hervorheben. Es ist nichts Besonderes, sondern eine Tiertugend, wenn eine Mutter für ihre Kinder und ihr Hauswesen sorgt. Es ist eine Tiertugend, wenn ein Vater seinem Hause wohl vorsteht und seinem Gesinde seine Gebühr gibt. Tiertugenden heißen diese Vorzüge, weil sie sich ähnlich bei Tieren auch finden.

Ein einziges Mal habe ich einen Dank für eine Leichenpredigt bekommen. Nach der Beerdigung einer alten Frau sagte ihr einziger Bruder in Hamburger Platt: „Herr Pastor, ick bedanke mi ock vör de trostlose Rede". Wahrscheinlich wollte er trostreiche sagen, wie er es wohl in der Zeitung gelesen hatte. Er sagte aber „trostlos", und damit sagte er die Wahrheit. Denn die Leichenpredigt hatte keinen Trost enthalten, weil niemand trostbedürftig war. Der Bruder war der einzige Hinterbliebene und beerbte die Verstorbene. Trost spenden, wo *er* nicht begehrt wird, ist nicht angebracht. Darum betete der alte Pastor K. in Levern wohl: Tröste die Hinterbliebenen, so sie dessen bedürfen.

Als ich einige Jahre in Blasheim gewesen war, hatte der Pastor M. in Gehlenbeck, der mich konfirmiert, einmal keinen Hilfsprediger, ohne den er sein Amt nicht mehr verwalten konnte. Ich bot ihm an, den Konfirmanden-Unterricht zu übernehmen, und er willigte gerne ein. Einmal bat er mich, einer alten Frau das Abendmahl zu geben. Ich ging hin. Weil ich aber wußte, daß sie Zauberei getrieben hatte, fragte ich sie danach, und sie leugnete es nicht. Damit hätte sie sich versündigt, sagte ich, aber das wollte sie nicht glauben, weil sie es im Namen Gottes getan hätte. Auf meine Frage, welche Worte sie dabei gebraucht habe, sagte sie: „Jesus ging aus, zu suchen einen Rosenstock, und da er ihn suchte, fand er ihn." Ich hielt ihr vor, daß das gerade ihre Sünde gewesen sei, bei solchem Unsinn den Namen Gottes zu gebrauchen. Sie wollte es aber nicht gelten lassen, obgleich die Folge ihrer Sünde ihr auf dem Gesichte geschrieben stand. Sie hatte vielen die Flechte aus dem Gesicht gezaubert, ihr selbst aber hing die Flechte bis unter die Kinnbacken. Es ist den Zauberern eigentümlich, daß sie anderen helfen können, aber nicht sich selbst. Die Juden wollten den Heiland als Zauberer schmähen, als sie unter seinem Kreuze sagten: Anderen hat er geholfen und kann sich selber nicht helfen. Die Zauberer helfen durch den Teufel, wie die Juden von dem Heiland sagen: Er treibt die Teufel aus durch den Obersten der Teufel.

Weil nun die Frau ihre Sünde nicht erkannte, gab ich ihr das heilige Abendmahl nicht. Dem Pastor M. sagte ich nichts davon, weil er von dem Treiben der Frau nichts wußte. Als ich sie nach Wochen wieder besuchte, gab sie zu, daß sie sich mit dem „Böten", wie die Leute das Zaubern nennen, versündigt hatte. Bei dem nächsten Besuch gab ich ihr das heilige Mahl.

Ein alter Fuhrmann unserer Gemeinde, den ich besuchte, tat sich darauf etwas zugute, daß er wach geworden wäre zu der Stunde, wo er hätte anspannen wollen. Vor dem Einschlafen hätte er gesagt: „Sünne, kumm und wecke mi nich too froo und nich too late"; im Namen usw. Auf meine Vorhaltung, daß er sich damit schwer versündigt habe, schwieg er. Auch sonst war er nicht den Weg der Tugend gewandelt. Bei einem späteren Besuche wies er meinen Tadel zurück, von Buße war bei ihm nichts zu merken. Die Zauberer sind gewöhnlich in Sünden hart geworden und von Buße weit entfernt.

Eine Missions-Gemeinde

Unsere Gemeinde ist seit fast hundert Jahren eine Missions-Gemeinde gewesen. Vor neunzig Jahren wurde als einer der ersten Barmer Missionare der Blasheimer Kleinschmidt nach Südwest-Afrika geschickt. Sein Mitarbeiter, Hugo Hahn, sagte einmal in einer Ansprache, die er uns auf dem Gymnasium in Gütersloh hielt, einen treueren Missionar hätte Barmen nie gehabt.

Etwa zehn Jahre nach Kleinschmidts Aussendung wurde das erste Missionsfest in Blasheim gefeiert. Eine der Festpredigten hielt Volkening über Matthäus 20, 28 mit dem Thema: Die Liebe Christi — maßgebend und machtgebend für die Mission. In der Einleitung sagte er, daß er vor vielen Jahren mit seinem Vater eine Nacht in Blasheim im Polizei-Gewahrsam zugebracht hätte, weil sie an einer „Versammlung" teilgenommen hätten. Und jetzt: Missionsfest in Blasheim! Wo sind sie geblieben, die damals das Wort in seinem Laufe hindern wollten? „Sie sind gestorben, die dem Kindlein nach dem Leben standen." Seitdem ist die Gemeinde eine Missionsgemeinde geblieben und immer mehr geworden. Im Sommer wurde alle vier Wochen in der Christenlehre eine Missionsstunde gehalten, im Winter an Stelle der Bibelstunde, nicht so häufig, aber doch regelmäßig. Der Nachmittag an ersten Festtagen war der Mission gewidmet. In den Abend-Gottesdiensten wurde für die Mission gesammelt. Wer keine Missionsstunde hält, darf eigentlich auch kein Missionsfest feiern. Auch hiervon gilt das Wort: „Saure Wochen, frohe Feste". Eine Predigt ist leichter vorbereitet, als eine Missionsstunde. Diese Stunden wurden nur von wenigen besucht. Aber von ihnen konnte man annehmen, daß sie wirkliche Freunde der Mission waren, während auf den Missionsfesten manche Mitläufer sind.

Für ein wirksames Mittel, Missionsliebe in der Gemeinde zu wecken, halte ich die Sonntags-Predigt. So bekommen auch diejenigen etwas von der Mission zu hören, welche weder die Missionsstunde, noch die Missionsfeste besuchen. So oft der Text dazu Veranlassung gab, habe ich sonntags eine Missionspredigt gehalten. Das ist nicht ohne Frucht geblieben.

Es gibt so viele Gelegenheiten, bei denen man Gaben für die Mission erbitten kann. Bei Gelegenheit der Darstellung Jesu im Tempel sagte ich: „Wie Maria bei ihrem ersten Kirchgange ein Opfer gebracht hat, so wäre es gut, wenn unsere Mütter das bei ihrem Kirchgange auch täten." Seitdem hielt kaum eine Frau ihren Kirchgang, ohne eine Gabe für die Mission auf den Tisch der Beichtkammer zu legen. Dabei konnte man merkwürdige Erfahrungen machen. Eine junge Bäuerin, die ihren ersten Kirchgang hielt und nach einigen Wochen ihrem Hause wieder vorstehen konnte, gab 10 Mark. Ihre Heuerlingsfrau, die ein Vierteljahr gebrauchte, um wieder zu Kräften zu kommen, gab 20 Mark. Bei Trauungen pflegten die Kinder zu „schatten", was man auf dem Lande nicht zu erklären braucht. Das Geld, das dabei gegeben wird, ist weggeworfenes Geld im buchstäblichen Sinne. Auf meinen Antrag beschloß das Presbyterium, die Gemeinde zu bitten, das Schattgeld lieber der Mission zu geben. Zwei Brautväter, die vier Kinder mit einem Male verheirateten, brachten zusammen 300 Mark Schattegeld. Die Missionsgaben der Gemeinde nahmen fast Jahr für Jahr zu. Einmal erreichten sie die Höhe der Einkommensteuer der Gemeinde.

Dazu trug nicht wenig bei, daß zwei Söhne der Gemeinde Missionar wurden. Der Missionar Helmich kam nach Neu-Guinea und der Missionar Börger nach Mentawei. Beide haben die Anfänge der dortigen Mission durchgemacht. Und wie aller Anfang schwer ist, so war der Anfang auf diesen beiden Gebieten besonders schwer. In Neu-Guinea haben sie sechzehn, auf Mentawei neun Jahre auf die erste Taufe warten müssen. In Neu-Guinea wurden zwei, auf Mentawei wurde ein Missionar ermordet.

Die Zugehörigkeit der beiden Missionare zu unserer Gemeinde gab oft Veranlassung, die Gemeinde zu einem Missionsopfer willig zu machen. Dem Missionar Helmich schenkten wir für seine Kirche in Ragetta eine Glocke. Sie wurde in unserer Kirche geweiht und vor dem Altar von einem Presbyter angeschlagen, damit die Gemeinde höre, wie sie klingt. Dem Missionar Börger schenkten wir Taufbecken und Taufkanne, welche ebenfalls in unserer Kirche geweiht wurden. Nachdem beide zu einer Heidentaufe gebraucht waren, wurde die Beschreibung der Tauffeier, welche Missionar Börger verfaßt hatte, im Gottesdienst vorgelesen. Auch eine Altardecke schenkten wir ihm, welche erst auf unsern Altar gehängt und der Gemeinde gezeigt wurde.

Einige Missionsgaben haben ihre besondere Geschichte. Ein Mann brachte 50 Mark für die Mission und erzählte, wie er dazu käme. Vor einiger Zeit hatte er seinen einzigen Sohn begraben, der im ersten Jahre nach der Konfirmation starb. Er war ein lieber Junge, der mir im Unterricht nur Freude gemacht hatte. Er wollte in die Missionsstunde gehen und bat seinen Vater um eine Gabe für die Kollekte. Der gab ihm 10 Pfennige. „Mehr nicht?" sagte der Junge und ging. Dies „Mehr nicht?" konnte der Vater nicht vergessen. Als der Sohn gestorben war, brachte er das „Mehr". Ein andermal kam ein Bauer, dessen Vater ein sehr frommer Mann war, und zählte 600 Mark auf meinen Tisch für die Mission. Auf meine Frage, wie er dazu käme, sagte er, er habe ein Fuder Weizen verkauft und soviel dafür bekommen. Bald nachher kam er mit den Worten in meine Stube: „Ick woll Schulln betahlen." Nach meiner Antwort: „Ich meine, Sie haben keine Schulden", sagte er: „Ick bennt schüllig", und legte 300 Mark für die Mission auf den Tisch. Es war die Erfüllung eines Gelübdes seiner Mutter. Bald nachher kam seine Schwiegermutter mit denselben Worten in meine Stube: „Ick woll Schulln betahlen." Auf meine Gegenrede, ich meinte, sie hätte keine Schulden, sagte sie ebenfalls: „Ick bennt schüllig!" Sie nannte auch den Grund ihrer Schuldigkeit: „Weil ich einen so guten Schwiegersohn bekommen habe." Sie brachte 300 Mark für die Mission. Und beide wußten nichts voneinander. Eines Sonntagmorgens vor der Kirche brachte eine Frau 3 000 Mark für die Mission. Es war das Erbteil ihres ältesten Sohnes, der vor einiger Zeit unverheiratet gestorben war. Er hatte die Eltern gebeten, einen Teil seines Erbes der Mission zu geben. Etwas Schriftliches war darüber nicht gemacht. Der Sohn hatte nur auf einen Zettel „Mission" geschrieben. Die Eltern wußten es ganz allein, und sie konnten es damit halten, wie sie wollten. Es ist noch nicht alles, sagte die Frau, und ging, und ich wartete auf die Fortsetzung. Sie kam auch, und wieder waren es 3 000 Mark, die die Mutter eines Sonntagsmorgens brachte. Im Kriege verloren die Leute einen verheirateten Sohn und ein anderer, ebenfalls verheiratet und Vater einiger Kinder, stand im Felde. Nun gelobte die Frau, wenn ihr Sohn wiederkäme, wollte sie ihr Sparkassenbuch der Mission geben. Das Buch hatte ihr Vater ihr bei ihrer Verheiratung als persönliches Eigentum gegeben, damit sie nicht bei jeder Kleinigkeit dem Manne zu kommen brauche. Sie hatte das Buch nie angegriffen. Während des Krieges feierten sie ihre goldene Hochzeit, und bald nachher kam der Sohn wieder. Er war zwar ein Krüppel, aber sie hielt ihr Gelübde und brachte das Sparkassenbuch. Es standen etwas über 3 100 Mark darin. Das waren nun aus einem Hause über 9 100 Mark. Darin sehe ich die Bestätigung von Matthäus 28, 20: Mir ist gegeben alle Gewalt im Himmel und auf Erden. Damit ist nicht die Gewalt über die Naturkräfte gemeint, wie wir sie im Blitz, Sturm und Erdbeben vor Augen haben, sondern die Gewalt über Menschenherzen. Das Menschenherz kann dem allmächtigen Gott Widerstand leisten. Der Geizhals ist zu solchem Widerstande fähig und befindet sich in ihm. Aber Gott vermag es auch über einen Geizigen, sich das Geld vom Herzen zu ringen. Ein benachbarter Pastor erzählte mir, daß ein Mann unserer Gemeinde ihm eine bedeutende Gabe für die Goßnersche Mission gebracht habe. Als er sich dafür bedankte, sagte der Mann: „Sie glauben nicht, wieviel Geiz daran klebt."

Während des Krieges hatte ein anderes Ehepaar auch goldene Hochzeit, feierte sie aber so wenig, wie das eben genannte, weil der einzige Sohn im Felde stand. Der Mann brachte als Dankopfer 1 000 Mark für die Mission, 1 000 Mark für unser Pflegehaus und 1 000 Mark für elektrische Beleuchtung der Kirche.

Meine Familie. Zwei Jahre habe ich noch gewartet, ehe ich dem Rat der Rektorin L. in Schildesche folgte. Im Juli 1886 verheiratete ich mich mit Marie Strecker, Tochter eines Pastors im Kreise Pyritz. Sie wurde Mutter von fünf Kindern, deren jüngstes mit drei Vierteljahren starb, nachdem es soviel gehustet hatte, wie ich in meinem ganzen Leben nicht.

Die letzten Jahre unserer Ehe wurden getrübt durch die Krankheit meiner Frau. Eine Kur in Oeynhausen und Lippspringe brachten keine Heilung. In Oeynhausen badete mit ihr zusammen die Pastorin V. aus Preuß. Oldendorf. Von ihr schrieb sie: „Ich wollte, ich wäre so weit, wie die Pastorin V." Das schrieb ich dem Mann, nachdem seine Frau gestorben war. Nach dem Tode meiner Frau schrieb er mir, seine Frau habe gesagt: „Ich wollte, ich wäre so weit, wie die Pastorin Husemann", und bemerkte dabei: „Nun sind sie beide gleich weit."

Der zweite Sohn bekam auch ein Leiden, konnte aber die Schule weiter besuchen. Bei Kriegsbeginn machte er die Abgangs-Prüfung und kam an die Ostfront und fiel vor der Festung Ossowecz am Bobr. Weil die Russen ihn begraben hatten, galt er zuerst als vermißt. Als die Festung erobert war, öffneten unsere Soldaten die Einzelgräber und setzten die Gefallenen auf einem gemeinsamen Ehrenfriedhofe bei. Die Russen hatten unserem Sohn nichts gelassen als die Erkennungsmarke. So erfuhren wir seinen Tod. Als der Ehrenfriedhof eingeweiht wurde, durften Angehörige der dort Begrabenen an der Feier teilnehmen. So habe ich an dem Grabe unseres Sohnes stehen können. Bei der Einweihung hielten zuerst der evangelische und dann der katholische Feldprediger Ansprachen. Der katholische sprach zum Schluß ein freies Gebet, was bei seinesgleichen sonst nicht Sitte ist.

Die Festung Ossowecz zeichnete sich dadurch aus, daß nur Soldaten darin wohnten. Wenn ein Zivilist hindurch wollte, mußte ein Soldat ihn von einem Tor zum anderen geleiten. Auf dem Wege dahin war ich in der Nähe von Lötzen Gast eines Gutsbesitzers, der früher in Remerloh wohnte und auf dessen Hofe ich eine Missionspredigt gehalten hatte. Zweimal hatten sie vor den Russen flüchten müssen. Als sie zum zweiten Male zurückkehrten, fanden sie noch eine tote Kuh und eine lebendige Katze auf dem Hofe. Russische Schützengräben und Unterstände waren noch vorhanden.

Der dritte unserer Söhne aus zweiter Ehe wurde nach seiner Entlassungs-Prüfung in Pforte und kurzer Ausbildung an die Westfront geschickt, aber ins Feuer ist er nicht mehr gekommen, weil der Krieg plötzlich zu Ende war. Er ging mit seinem Bruder, einem Primaner, zum Ostschutz, aber ins Feuer sind sie auch nicht gekommen. Wäre aber der Ostschutz nicht gewesen, hätten wir im Osten noch mehr verloren.

Unser Pflegehaus

Die Gemeinde Blasheim ist die erste gewesen, die ein Pflegehaus bekommen hat. Sie hat es nicht selbst gebaut, sondern es ist ihr geschenkt. Drei Töchter des Freiherrn v. d. Recke auf Obernfelde fingen im Jahre 1856 in einem von ihrem

Vater gemieteten Haus die Betreuung von Frauen, Mädchen und Kindern an. Männer wurden erst viel später aufgenommen. Der Gedanke des Pflegehauses ist ein so gesunder, daß viele Gemeinden Minden-Ravensbergs auch ein solches Haus gebaut haben. Aber es bleibt das Verdienst der drei Schwestern von Obernfelde, daß sie den Gedanken zuerst gehabt und in die Tat umgesetzt haben. In dem Vertrage mit der Gemeinde Blasheim, wohin das Haus eingepfarrt wurde, war ein jährlicher Pflegesatz von 45 bis 90 Mark vereinbart. Weil der natürlich nicht reichte, mußten die Gründerinnen für das übrige aufkommen. Das taten sie, indem sie sich manches versagten. Zuerst wurden nur aus der Gemeinde Blasheim, nachher auch aus anderen Gemeinden Pfleglinge aufgenommen. Das Haus ist kein Armenhaus. Es wurde von einer Schwester geleitet, welche über vierzig Jahre dem Hause vorgestanden hat. Sie war in Kaiserswerth ausgebildet, gehörte aber keinem Mutterhause an. Sie war eine christlich gereifte Persönlichkeit und ein selten tüchtiger Mensch. Einmal hatte sie einen Kranken besucht und mit ihm gebetet. Er sagte mir, es wäre ihm gewesen, als ob ein Engel ihn besucht hätte. Dabei hatte sie die Gabe des Regierens in hohem Maße.

Als eine der ersten Pfleglinge Besuch von einer Bekannten hatte, zeigte sie der ihr Taschentuch und sagte: „Kiek es, Anketrine, dütt häwwe ick man bloß vör miene Niäsen."

Unter den ersten Männern, die aufgenommen wurden, war ein arger Trunkenbold. Die Schwester fragte ihn: „Ihr habt wohl getrunken?" Antwort: „Nich

Freiinnen Caroline und Luise von der Reck(e)-Obernfelde, die Gründerinnen des Pflegehauses. Das Originalgemälde wurde 1955 (zum hundertjährigen Bestehen) von Freiherr M. von der Recke-Rittershain gestiftet.

Das Obernfelder Pflegehaus

swiet." „Könnt ihr es auch lassen?" Antwort: „Wenn ick mott." Ein Besuch schenkte ihm eine Flasche Kognak, die er im Strohsack versteckte, denn Matratzen gab es im Pflegehaus nicht. Einen Korkenzieher hatte er nicht, und die Flasche war mit Lack verschlossen. Bat er die Schwester um einen Korkenzieher, dann riskierte er, daß sie ihm die Flasche wegnahm. Schlug er den Kopf ab, so konnte die ganze Flasche entzweigehen. Endlich entschloß er sich, die Schwester zu bitten. „Branntwein im Pflegehause", sagte sie, „das gibt es nicht." Der alte Sanitätsrat aber hatte ein Einsehen und verordnete: täglich einen Eßlöffel voll. Als die Flasche leer war, hatte das Trinken ein Ende. Wenn ich Andacht hielt, saß er wohl da, sang aber nicht mit. Er ließ deutlich merken, daß ihn das nichts anging. Allmählich aber sang er mit und hörte auch zu. Es kam auch so weit, daß ich ihn in Starks Gebetbuche lesen fand. Die Schwester Henriette pflegte nicht bloß den Leib, sie trieb auch Seelsorge und trug alle Insassen ihres Hauses auf fürbittendem Herzen. Als der Mann gestorben war, konnte ich an seinem Sarge stehen mit der Hoffnung, daß er Schächers Gnade gefunden habe. Einige Jahre später kam ein anderer Mann ins Pflegehaus, der dreißig Jahre als Witwer in seinem Hause allein gewohnt hatte. Er kochte alle Woche ein Mittagessen und wärmte es sechsmal auf. Wenn es sauer geworden war, tröstete er sich damit, daß er gern etwas Saures äße. Durch sein Fenster konnte man wohl von innen, aber nicht von außen sehen. Als Fenstervorhänge dienten Spinngewebe. Sein Tisch war seine Vorratsstube. Eine Kaffeekanne stand darauf, an deren Griff man sehen konnte, daß sie einmal weiß gewesen war. Einmal sah ich, daß er gerade aufstand, denn er hatte seine Bettstelle in der Stube. Sein Knie sah aus wie ein schwarz gewichster Stiefel. Auf meine Frage, was das wäre, sagte er:

„Dreck." Gottes Wort und Sakrament waren für ihn nicht vorhanden. Wenn ich ihm begegnete, habe ich oft gedacht: ‚Ob der wohl noch herumkommt?' Oft habe ich ihn ermahnt, ins Pflegehaus zu gehen. Dazu konnte er sich aber nicht entschließen, weil es etwas kostete. Endlich hatte er das Hundeleben satt und bat um Aufnahme ins Pflegehaus. Aber erst wollte er rein sein. Ein frommer Jüngling seiner Nachbarschaft ging mit ihm in ein nahes Bad und nahm ein Stück Seife mit. Die Seife war zerrieben, aber rein war er noch nicht. Nach dem zweiten Stück war er endlich rein. Im Pflegehaus lebte er förmlich auf, als er jeden Tag frisches Essen und jeden Sonntag ein reines Hemd bekam. Einen dankbareren Insassen hat das Haus nie gehabt. Besonders dankbar war er für Gottes Wort.

Die Schwester nannte er „Herr Swester" und die beiden Besitzerinnen des Pflegehauses „Herr Fröle". In jungen Jahren hatte er nach einer schweren Krankheit dem Pastor M. in die Hand versprochen, daß er sich bekehren wolle. Wenn er es nicht täte, hatte der Pastor gesagt, würde es ärger mit ihm werden. Und er hat recht gehabt, bekannte er. Gern wäre er hundert Jahre alt geworden, aber so hoch hat er es nicht gebracht. Er ist, wie ich annehme, selig gestorben. Leibeserben und Verwandte hatte er nicht. So vermachte er seinen ganzen Nachlaß auf den Rat eines frommen Richters, den er hoch schätzte unserer kirchlichen Armenkasse zugunsten der Armen aus der Gemeinde im Pflegehaus. Ein Vermächtnis konnte das Pflegehaus damals noch nicht annehmen, weil es die Rechte einer juristischen Person noch nicht hatte. Die hat es erst während des Krieges bekommen. Zum Testamentsvollstrecker hatte er auf den Rat des Richters mich ernannt, mir aber kein Wort davon gesagt. Leider haben wir seine Besitzung bis auf einen kleinen Rest verkauft. Bis zu der Geldentwertung hatte das Pflegehaus von dem Erlöse einen jährlichen Zinsertrag von 117 Mark. In dem Testament hatte er bestimmt, daß wir ihm und seiner Frau einen Grabstein setzen sollten. Auf den seinigen haben wir geschrieben: „Der Wohltäter unserer Armen."

Die merkwürdigste Bewohnerin des Pflegehauses und unserer ganzen Gemeinde war „Madame Voß". So nannte sie sich selbst. Sie war eine Schweizerin, stammte aus Genf und sprach französisch. Ein Handwerksbursche unserer Geeinde, seines Zeichens Schuster, hatte in Genf Arbeit gefunden und eine Genferin geheiratet. Nachdem die Frau ihm einige Kinder geboren, starb er. Weil er nun kein schweizerisches Bürgerrecht erworben hatte, wurde sie nach der Heimat ihres Mannes abgeschoben und als Landarme bei Verwandten ihres Mannes untergebracht. Sie verstand kein Wort deutsch und hat es nie gelernt. Ihre Kinder starben bis auf Antoinette, welche ins Pflegehaus kam, sie sprach plattdeutsch und verstand die eigene Mutter nicht. Die Frau beschwerte sich oft bei mir über die Schuljugend, die sich über sie lustig machte. Sie hatte auch etwas an sich, was die Spottlust herausforderte. Oft besuchte sie die adeligen Höfe in der Nähe, um mit den Frauen in ihrer Muttersprache reden zu können. Sie war nicht imstande, trotz des jahrelangen Aufenthaltes bei uns, ein Wort Deutsch richtig zu sprechen. Den Schlachter nannte sie: Mossiö de swieneslack. Als ihre Beschwerden über die Jugend und ihre Hausfrau kein Ende nahmen, riet ich ihr, ins Pflegehaus zu gehen. Das wies sie aber weit von sich und tat so, als ob sie zu den „vull alte Frauen" mit Tracht nicht passe. Endlich — nach langem

Zureden — gab sie nach und ging ins Pflegehaus, aber an den Familientisch setzte sie sich nicht, sondern saß in ihrer Ecke und aß allein. Allmählich gefiel es ihr im Pflegehause so gut, daß sie bloß die eine Sorge hatte, es wieder verlassen zu müssen. Bei jedem Besuch fragte sie mich danach und war froh, wenn ich ihr versicherte, daß sie jusqu'à la mort, bis an den Tod, im Pflegehause bleiben würde. Sie war nicht ohne geistliche Erkenntnis. Einmal erzählte sie mir, daß ihr Genfer Pastor ihr gesagt hätte, die besten Abendmahlskleider wären Buße und Glauben. Sie wußte, daß man vor der Abendmahlsfeier seinen Feinden vergeben und Gott um Vergebung bitten müsse. Um es mir klar zu machen, kniete sie vor dem Stuhle nieder. Sie hatte etwas Schauspielerisches in ihrem Wesen, wie es französische Art ist, die die französisch redenden Schweizer auch haben. Man konnte sie nur herzlich bedauern, daß sie mitten unter Menschen einsam war und daß ihr Leben eigentlich keinen Inhalt hatte. Alljährlich feiert das Pflegehaus in einem Walde daneben sein Jahresfest, auf dem zwei Predigten gehalten werden. Über 25 Jahre nacheinander hat der Pastor D. Möller die Predigt gehalten und alle in einem Bande herausgegeben. Alljährlich wird in einem Teil der Gemeinde eine Sammlung für das Haus gehalten, welche 2-4 Fuder an Stroh, Kartoffeln, Korn und anderem, was zum Leben dient, einbringt. Das Pflegehaus hat eine so liebliche Lage wie keins von allen seinesgleichen. Es ist schon viel Segen von ihm ausgegangen, und unter dem Segen Gottes steht es immer noch.

Nur wenig Menschen erheben sich über den Durchschnitt. Wenn ich an meine Gemeinde denke, stehen manche vor mir, die anders waren wie die anderen. Drei sollen hier erwähnt werden. Die erste ist eine Frau, die über 90 Jahre alt wurde, und an der die Wahrheit des Wortes sichtbar wurde, das über der Einfahrt des alten Blasheimer Pfarrhauses stand. „Der Gerechte wird grünen wie ein Palmbaum, wie eine Ceder auf Libanon." Weil ihre Augen dunkel geworden waren, freute sie sich, daß sie in jungen Jahren einen Schatz von Gottes Wort gesammelt hatte. Sie hatte in gewisser Hinsicht Beziehungen zu mir, denn in ihrer Jugend hatte sie an einer Versammlung in meinem Elternhause teilgenommen. Als ich sie einmal fragte, wie es ihr gehe, antwortete sie: „Wie soll es mir gehen? Ich habe Frieden mit Gott." Etliche Aussprüche von ihr sind mir im Gedächtnis geblieben: „Ich mag aus der oberen oder niederen Tür sehen (jedes Bauernhaus hat solche Türen), ich finde keinen, der schlechter ist als ich." Oder: „Eltern, die Kinder haben, dürfen nie vor Gottes Tür weggehen." Oder: „Ehe Gott seine Kinder hungern läßt, müssen ihnen Geizige das Brot bringen." Das hatte sie selbst erfahren. In ihren Kotten zog ein Heuerling, der ganz arm, aber fromm war. Da kam einer, der als geizig bekannt war, und brachte ihnen Kartoffeln.

Der andere war der Besitzer eines großen Hofes. Als ich ihn darauf anredete, daß er doch einen schönen Hof habe, sagte er, der Hof gehöre ihm nicht. Sein Vater hätte zu ihm gesagt: „Sieh Junge, ich sage jetzt, dies sind meine Äcker. Dann kommst du und sagst: Dies sind meine Äcker, Dann kommt wieder einer und sagt: Dies sind meine Äcker, und sie gehören keinem." Ein anderes Mal traf ich ihn beim Holzhauen und fragte ihn, warum er sich so quäle. „Wenn ich nich wüsse, datt ick mott, dänn däe ick et nich", war seine Antwort. Er tat seine Arbeit im Gehorsam gegen Gott, als einen Gottesdienst. Einmal traf ich ihn bei seinem Neuen Testamente. Es hatte großen Druck, weil er nicht gut sah und war ganz zerlesen. Er müsse es neu binden lassen, sagte ich. Das täte er wohl gern, meinte er, aber „Ick kann'r nich sau lange ohne too." Weil er nun auch im Alten Testamente suchen wollte, mußte ich ihm eine ganze Bibel mit großem Druck verschaffen. Wenn er einen neuen Heuerling bekam, schenkte er ihm das Schatzkästlein von Bogatzky. Merkte er aber, daß der Heuerling das Buch nicht brauchte, so holte er es wieder. Einmal traf ich ihn auf seinem Acker bei der Arbeit. Er sah mich nicht. Als ich ihm näher kam, hörte ich ihn reden; er betete. Und er dankte. Bei einem Besuche seiner Tochter in einer anderen Gemeinde sah er sie weinen. Auf seine Frage nach dem Grunde ihrer Tränen erfuhr er, daß ihnen ein Pferd eingegangen war. Da fragte er, ob sie auch schon gedankt habe. Es war ihm, als fehle ihm etwas, wenn er ein Jahr lang keine Trübsal gehabt hatte. Dem neuen Kantor schenkte er eine Bibel, damit er seine Kinder darin unterweise. Es lag ihm am Herzen, daß die lautere Predigt des Wortes Gottes in der Gemeinde erhalten bleiben möge. Unsere Abendmahlskanne war von Blech und kam ihm unwürdig vor. Er bat die Vorsteherin des Pflegehauses, eine silberne zu besorgen. Sie kam, und er besah sie im Pflegehause. Daß sie über 300 Mark kostete, war ihm nicht zu viel. Dann wurde sie dem Pastor ins Haus gebracht, ohne daß er erfuhr, wer sie geschenkt habe. Außer seiner Frau erfuhr es auch in seinem Hause niemand. Als er gestorben war, sagte mir die Freundin, welche sie beschafft hatte, daß er der Geber war. In der Leichenpredigt habe ich es bekanntgemacht, und so erfuhren es seine Kinder. Er handelte nach dem Worte des Heilandes: Wenn du Almosen gibst, so laß deine linke Hand nicht wissen, was die rechte tut. Der Text seiner Leichenpredigt war Jesaia 3, 10: Prediget von den Gerechten, daß sie es gut haben, denn sie werden die Frucht ihrer Werke essen. Nach seinem Tode konnte man an der Kollekte merken, daß er nicht mehr da war. Sein Sohn war der, welcher Schulden bezahlen wollte, als er 300 Mark für die Mission brachte.

Der dritte, von dem ich erzählen will, war unser Rendant. Er hatte die Lehrerprüfung bestanden und hatte seine erste Stelle in Schildesche. Dort verlor er seine Stimme und mußte seinen Beruf drangeben. Er wurde Schreiber und bald Bürovorsteher bei einem Rechtsanwalt. Als der gestorben war, wählte ihn unsere Gemeindevertretung zum Rendanten. Die Wahl wurde vom Landrat nicht bestätigt. In dem zweiten Wahltermin fragten die Vertreter den Amtmann, was gegen den Gewählten zu erinnern wäre. Antwort: „Er hat keine Stimme." Die Stimme war zwar allmählich wiedergekommen, aber nicht gerade stark. „Herr Amtmann", sagten die Vertreter, „wie wütt ock kinen, de de Lüe anbölket." Weil die anderen Gründe der Ablehnung ihnen ebensowenig stichhaltig schienen, wählten sie ihn zum zweiten Male. So blieb dem Landrat nichts weiter übrig, als die Wahl zu bestätigen. Kein Rendant ist in seinem Beruf treuer gewesen als er. Vielen hat er auch mit seiner guten Kenntnis des Gesetzes damit gedient, daß er durch seinen Rat Prozesse verhinderte. Er wurde auch Kirchenrendant und als solcher hat er mir treulich zur Seite gestanden. Viele Pastoren hatten mit dem Rechnungswesen viel Arbeit, und ich brauchte mich nicht im geringsten darum zu kümmern. Unser Lagerbuch, an dem seit fünfzig Jahren nichts geschehen war, hat er von Grund auf neu bearbeitet. Was diese Arbeit bedeutet, wissen nur wenige. Als Mitglied der kirchlichen Gemeindevertretung nahm er nur selten das Wort, aber was er sagte, das hatte bei allen Gewicht. Er führte sein Amt so, daß er ruhig zu Bett gehen konnte in dem Bewußtsein, wenn er in der Nacht stürbe, würden seine Kassen in Ordnung sein. Das Beste an ihm war, daß er dem Heiland nachfolgte. Zuweilen, wenn wir über diesen oder jenen sprachen, der in öffentlichen Sünden lebte, ergab sich, daß er auch für ihn betete. Seine Liebe zur Mission bewies er damit, daß er beim Erweiterungsbau unserer Kirche für die Führung der Baurechnung nichts nahm, aber die Bedingung machte, daß die Gemeinde einen entsprechenden Betrag für die Mission gäbe. Verdient hatte er nichts damit, aber den Orden, welchen er bekam, hat er wirklich verdient. Obgleich ich schon im Ruhestande lebte, konnte ich es mir doch nicht versagen, ihm, der sein Amt schon eher niedergelegt hatte, die Leichenpredigt zu halten über Jesaia 3, 10.

Unsere kirchlichen Vereine

Ein Jungfrauen-Verein war schon von Pastor Meyersiek gegründet, der bei meinem Vorgänger Synodalvikar war. In den ersten Jahren hatte ich beim Einüben der Lieder an zwei Lehrern nacheinander eine dankenswerte Hilfe. Später war ich auf mich selbst angewiesen. Was ich in Gütersloh im Klavierspielen gelernt hatte, war völlig vergessen, ebenso das Zitherspielen, welches ich später lernte. Als Vikar in Schildesche schaffte ich mir ein Horn an. Dies Instrument lernte ich sehr leicht. Jetzt leitete ich mit meinem Horn den Gesang der Jungfrauen. Glanzleistungen erzielten wir nicht, aber das ist auch nicht die

Ausflug zum Kinderheim Nettelstedt mit dem Jungfrauen-Verein und Posaunenchor.

Hauptsache. Meine große Studierstube war groß genug, die Erschienenen zu fassen. Nachher hat eine von meinen Töchtern den Verein geleitet. Nun wuchs er so, daß meine Studierstube zu klein wurde. Inzwischen war auch das Gemeindehaus gebaut, welches Raum genug bot.

Den Grund zu einem Posaunen-Verein legte eine Freiin v. d. Recke auf Obernfelde, die später die Frau des Missions-Inspektors Schreiber wurde. Damit ihr Knecht, der aus einer Nachbargemeinde war, wo er einem Posaunen-Verein angehört hatte, das Blasen weiter üben könne, schenkte sie soviel Hörner, wie ein kleiner Chor braucht.

Es fanden sich auch Jünglinge, welche am Blasen Freude hatten. Aus diesem bescheidenen Anfange ist später ein angesehener Verein geworden. Es ist ja auch natürlich, daß in Blasheim geblasen wird. Das Bild des Posaunen-Vereins, das ich bei meinem Abschied bekommen habe, hängt in meiner Stube.

Noch ein dritter kirchlicher Verein hat eine Reihe von Jahren in unserer Gemeinde bestanden: der Blaukreuz-Verein. Er wurde gegründet auf Anregung von Pastor Meinshausen in Gütersloh, den die Blasheimer vor mir zum Pastor gewählt, der die Wahl aber nicht angenommen hatte. Lange hat es gedauert, bis ein Trinker sich entschloß, die Karte zu unterschreiben, wodurch er sich verpflichtete, für eine bestimmte Zeit das Trinken zu lassen. Er hielt sein Versprechen aber nicht, und so bestand der Verein aus Leuten, die ihn im Grunde nicht nötig hatten. Wenn ein solcher Verein auch schon durch sein Dasein ein Zeugnis gibt, so ist sein Zweck doch die Rettung von Trinkern. Und diese ist eher möglich durch den Anschluß an solche, die enthaltsam leben. Nach Jahren hat der Verein seine Versammlungen eingestellt, in denen wir Gottes Wort betrachteten und gegen das Elend der Trunksucht beteten.

Der Blasheimer Posaunenchor mit Pastor Husemann

Innenansicht der Blasheimer Kirche vor der Renovierung im Jahre 1964

Meine Nachbarn

Getreue Nachbarn gehören nach Luther zum täglichen Brote. Mir sind sie in seltenem Maße zuteil geworden. Mein nächster Nachbar war der Superintendent Volkening aus Holzhausen. Er hat zweimal Kirchenvisitation bei mir gehalten. Sehr oft bin ich am Sonntagabend sein Gast gewesen, erst allein, dann mit meiner Frau. Was mich besonders zu ihm zog, war der Umstand, daß man bei der Unterhaltung manches Wissenswerte aus seinem reichen Leben erfuhr. Er war ein Meister der Feder. Schon als Student in Berlin schrieb er für die Kreuzzeitung. Er erzählte mit Humor, wie ihm zumute gewesen war, als er seinen ersten Artikel in dieser berühmten Zeitung gelesen habe. Es war in der damaligen Zeit (1848) ein Ereignis, daß eine Zeitung es wagte, unter dem Zeichen des Kreuzes zu erscheinen. Als Kandidat war er Hauslehrer bei dem Freunde seines Vaters, dem Pastor Kunsemüller in Wehdem. Seine erste Predigt sollte er in der Kapelle zu Haldem halten. Er bat Gott um Regen, damit wenige kämen, weil er sich fürchtete. Nachher war er Hauslehrer bei dem Hofmarschall des Prinzen Albrecht v. Preußen. Sein Schüler wußte nicht, was gehorchen heißt. Er brachte es ihm aber bei. Zu einem Ferien-Aufenthalt hatte er den Jungen mit nach Jöllenbeck genommen. Er unterredete sich mit dem Heuerling seines Vaters, und sein Zögling befand sich auf der anderen Seite des Pfarrhofes. Auf Volkenings Ruf kam er gelaufen und fragte: „Was wünschen Sie, Herr V.?" „O Lüe, Lüe, watt löff de Junge!" sagte der erstaunte Heuerling. Als der Junge Oberregierungsrat geworden war, besuchte er seinen früheren Erzieher noch in Holzhausen, so dankbar war er ihm. Und seine Tochter kam auch nach Holzhausen. Als Seminarlehrer in Petershagen gab er jahrelang den „Conservativen Volksfreund" heraus, der wöchentlich erschien. Er erzählte, daß sein Brief an die Druckerei nie zu spät gekommen wäre, obgleich Petershagen nur einmal täglich Postverbindung hatte. Hier fing er auch an, die „Weltumschau im Monatsblatte" zu schreiben, welches von seinem Vater begründet war. Die „Weltumschau" hat er solange geschrieben, bis der Tod ihm die Feder aus der Hand nahm. Auf Ersuchen des Regierungspräsidenten von Minden schrieb er auch für die „Patriotische Zeitung". Als Bismarck den Kampf gegen die katholische Kirche zu weit trieb, schrieb Volkening dagegen und sagte voraus, wie dieser Kampf enden würde. Die Regierung drohte ihm, wenn er seine Schreibweise nicht ändere, würde er nach dem Osten versetzt. Er antwortete, dort würde er gerade so schreiben. Bismarck witzelte einmal beim Glase Bier über politisierende Pastoren. Und der politisierende Pastor hat gegen ihn recht behalten. Vergessen soll auch nicht werden, daß er Jahrzehnte lang den blauen Minden-Ravensberger Volkskalender herausgab, den sein Vater ebenfalls angefangen hatte. Das Beste an diesem Kalender war seine Übersicht über die Hauptereignisse des Jahres, jedesmal ein Kunstwerk. In allem, was er schrieb, brauchte er fast nie ein Fremdwort. Sein Stil war so meisterhaft, daß die Schüler eines Gymnasiums das Monatsblatt lasen, um von ihm zu lernen. Vergessen soll auch nicht werden, daß er für alle seine Schreiberei nichts genommen hat. Der Reinertrag des Kalenders kam den christlichen Anstalten in Minden-Ravensberg zugute, und was an dem Monatsblatt übrig war, floß in die Barmer Missionskasse.

In den letzten Jahrzehnten machte sein Herz ihm viel zu schaffen. Wenn die Predigt auch fertig war, konnte er es zuweilen doch nicht wagen, auf die Kanzel zu gehen. Dann kam wohl sein Vikar zu mir am Sonntagmorgen, und ich mußte nach Holzhausen, um ihn zu vertreten. Einmal mußte ich bei einer Leichenfeier auf der Deele neben ihm stehen, weil er nicht sicher war, daß er die Predigt bis zu Ende würde halten können. Wenn sein Herz versage, solle ich sie weiterlesen. Im Hause reichte seine Kraft, aber in der Kirche mußte ich ihn vertreten.

Die Gemeinde Holzhausen hatte ihn nicht gewollt und ihn unfreundlich empfangen. Als er aber sein 25-jähriges Ordinationsjubiläum feierte, sah man deutlich, wie groß die Liebe und Verehrung war, welche er genoß. Er gehörte zu den seltenen Männern, bei denen man nichts zu vergessen braucht, um sich die Erinnerung an sie nicht trüben zu lassen. Er und seine Frau ergänzten sich in seltener Weise. Sie war die Schwester des Missionsinspektors Schreiber in Barmen und eine seltene Frau. Sie beide waren der Mittelpunkt eines großen Freundeskreises, zu dem auch Barone und Grafen gehörten. Von Gästen war sein Haus selten leer, und man verließ es nie, ohne etwas empfangen zu haben. Jahrelang mußte die Frau im Rollstuhl fahren und die Kur in Oeynhausen gebrauchen, wo ich ihren Wagen neben dem ihres Bruders, eines Apothekers, stehen sah, der schon zum 15. Male in Oeynhausen war.

Der andere Nachbar war sein Bruder August in Preuß. Oldendorf. Als ich ihm meinen ersten Besuch machte und im Offelter Felde war, ging ich an Arbeitern vorbei, welche einen Verkoppelungsweg schaufelten. Einer kam mir nachgelaufen und fragte, ob ich der neue Pastor von Blasheim wäre. „Warum wollen Sie das denn wissen?" fragte ich. „Sie haben wohl gewettet." Das hatten sie. Auf meine weitere Frage, um was sie gewettet hätten, um Bier oder Branntwein, sagte er: „Um Bier." Ich mußte es glauben, obgleich es mir unwahrscheinlich vorkam, und sagte es ihm. Er gehörte zu den Gewinnern. Nach etwa dreißig Jahren kam er und gestand, daß es Branntwein gewesen wäre. Nach seinem Namen habe ich nicht gefragt, aber über das Geständnis mich gefreut. B. hat mir einmal einen Liebesdienst damit getan, daß er mich vor einer Gefahr warnte, welche ich nicht gesehen hatte. Und der ist mein bester Freund, der mir in Liebe die Wahrheit sagt. Als Schüler des Gymnasiums in Gütersloh hatte er bei der Grundsteinlegung das Sammetkissen halten müssen, auf dem der Hammer lag, welchen König Friedrich Wilhelm IV. bei den Schlägen auf den Grundstein benutzte. Dabei trat der König, der ein schwerer Mann war, ihn auf den Fuß. Er ertrug lieber den Schmerz, als daß er sich was merken ließ. Das Mädchen, welches dem Könige einen Blumenstrauß überreichen mußte, die Tochter des Kommerzienrats B., wurde später seine Frau. Ich erinnere mich deutlich der Trauung in der neuen Kirche, welche sein Vater vollzog, und des langen Hochzeitszuges in das nahegelegene Elternhaus der Braut.

In Oldendorf sind drei Andenken an ihn vorhanden: das Konfirmandenzimmer, das Spritzenhaus und ein Teil der erneuerten Kirche. Das Spritzenhaus baute er, damit das alte abgerissen werden konnte, welches zu nahe bei der Kirche stand. Besser ist das Andenken, welches er sich durch seine Predigten gestiftet hat. Minden-Ravensberg hatte damals mehrere bedeutende Prediger, aber er überragte sie alle. Bei einer Predigt, die er auf dem Feste in Bünde hielt, war unter

seinen Zuhörern einer der Festprediger, der von weither gekommen war und einen berühmten Namen hatte. Dieser Mann war nach dem Feste unser Gast und sagte von Volkenings Predigt, so etwas hätte er noch nicht gehört.
Bei einer Fahrt über den Berg sprang er aus dem Wagen, weil das Pferd durchging. Dabei tat er einen so schweren Fall, daß er die Folgen nie ganz verwunden hat. Das ist wohl auch die Ursache seines Todes gewesen. Sein Gedächtnis ist im Segen geblieben und wird im Segen bleiben.
Der dritte Nachbar war der Landrat a. D. Freiherr v. d. Recke auf Obernfelde. Bei den Pastoren des Kreises stand er in solchem Ansehen, daß er an der Pastoral-Konferenz teilnehmen durfte. Oft hat er mich in seinem Wagen zu einem Missionsfest oder einer Versammlung mitgenommen. Wenn das Bünder Fest gefeiert wurde, ließ er zwei Leiterwagen nach Bünde fahren, welche soviel Festpilger aufnahmen, wie sie fassen konnten. Von ihm hatten die Blasheimer den Wagen geliehen, mit dem sie mich von Schildesche holten.
Sein Vater war ein Jugendgespiele des alten Kaisers gewesen. Als der Baron einmal von dem Kaiser zur Tafel gezogen war, sagte dieser in der Unterhaltung zu ihm: „Von Ihrem Vater habe ich einmal Prügel gekriegt." „Majestät", antwortete er, „mein Vater wird doch nicht." „Ja", sagte der Kaiser, „wir spielten Krieg, und weil wir nicht schießen durften, prügelten wir uns." Weil die Königin Luise starb, als ihre Kinder noch unerwachsen waren, nahm sich die Ministerin v. d. Recke der königlichen Kinder mütterlich an. Ihr Mann war unter drei preußischen Königen Minister, vom Alten Fritz bis Friedrich Wilhelm III. Friedrich Wilhelm IV. kam, als er noch Kronprinz war, nach Obernfelde, um sich bei der Ministerin zu bedanken für die Erziehung, die sie ihm hatte zuteil werden lassen. In der Zeit vor Weihnachten fuhr ein Wagen von Obernfelde durch unsere Gemeinde, um Armen ein Weihnachtsgeschenk, bestehend in Mehl, Fleisch und anderen Lebensmitteln, zu bringen. Dise Geschenke waren die Folge eines Gelübdes, welches der Vater des Barons nach der Geburt seines ältesten Sohnes getan hatte, falls er am Leben bliebe, denn er war ein schwächliches Kind. Er blieb am Leben, erfreute sich einer guten Gesundheit und wurde über neunzig Jahre alt. Aus Dankbarkeit für Gottes Güte behielt er die Art des Weihnachtsgeschenkes bei. An seinem 90. Geburtstage bekam er den Titel Exzellenz, welchen sein Vater am Tage der Goldenen Hochzeit bekommen hatte.
Als Bismarck abgegangen war, besuchte ihn sein Jugendfreund von Kleist-Retzow. Auf dem Wege nach Friedrichsruh machte er einen Umweg über Obernfelde zum Besuche der Gutsfamilie, mit der er verwandt war. Etliche Pastoren der Nachbarschaft wurden nach Obernfelde geladen, um den berühmten Mann kennenzulernen. In der Unterhaltung fragte ihn Pastor Volkening, warum Bismarck eigentlich abgegangen sei. Die Antwort war: „Die Ursache weiß niemand als der Kaiser und ich." Aber für den tieferen Grund halte er Bismarcks schiefe Stellung zur evangelischen Kirche. Bismarck hielt unsere Kirche in solcher Abhängigkeit vom Staate, daß der Präsident des Evangelischen Oberkirchenrats dem Könige nicht Vortrag halten durfte, wenn Bismarck es nicht wollte. Herr von Kleist-Retzow hat mit anderen jahrelang dafür gekämpft, daß diese Bevormundung der Kirche aufhören sollte; es ist aber nicht gelungen, solange Bismarck am Ruder blieb. Als er abgegangen war, wurde die unwürdige Bestimmung sofort geändert.

Vergessen darf ich nicht einen vierten Nachbarn, dessen Name es wert ist, der Vergessenheit entrissen zu werden. Er hatte den ganz gewöhnlichen Namen Meier, aber er war ein ganz ungewöhnlicher Mensch. Er war Jurist, aber er machte das bekannte Sprichwort von dem Christentum der Juristen zu Schanden. Denn er war ein guter und ganzer Christ. Ich habe ihn erst kennengelernt, als er schon Gerichtsrat und außer Dienst war, bewahre aber Erinnerungen an ihn, für die ich sehr dankbar bin. Er wohnte in Lübbecke und ging oft in der Nachbarschaft der Stadt spazieren. So trafen wir uns zuweilen und gingen zusammen. Man ging nie von ihm, ohne etwas mitzunehmen. Er glich dem Hausvater, der „Neues und Altes aus seinem Schatze heranträgt". Er hatte den Auftrag bekommen, ein neues Grundbuch anzulegen. Nur wenige wissen, was für Mühe und Ausdauer diese Arbeit erforderte. Als Meier damit fertig war, bekam er von der Behörde ein besonderes Lob. Er antwortete, das Lob habe er nicht verdient, denn er habe nicht einmal, sondern immer den guten Willen gehabt, seine Pflicht zu tun.

Ich brachte die Rede auf die fremden Gedanken beim Beten. Davon wußte er auch zu sagen. Er tröstete sich aber damit, wie er sagte, daß Gott das Verlangen seines Herzens kenne.

In der Zeit vor Weihnachten wurde er einmal krank. Nach seiner Genesung besuchte ich ihn. Er wäre gern gestorben, sagte er, aber den Wunsch hätte er doch gehabt, so lange zu leben, bis er gesehen, was die Weihnachtspakete seiner Kinder enthielten.

Wenn ihm seine eigene Seligkeit die Hauptsache war, so lag ihm auch die Seligkeit seiner Nächsten am Herzen. Er besuchte einen jungen Mann, der sein Examen bestanden hatte, aber seinen Beruf nicht übernehmen konnte, weil er krank wurde. Sein Zustand war hoffnungslos, aber, wie es bei dieser Krankheit gewöhnlich ist, er hoffte auf Besserung. Nach dem Gerichtsrat besuchte ihn eine Frau, die mir davon erzählt hat, „Denken Sie mal", sagte er, „was der Gerichtsrat zu mir gesagt hat! Ich sollte es mit dem Beten versuchen." Und ich bin doch kein ungebildeter Mensch." „Was der Gerichtsrat Ihnen sagt, das tun Sie nur, der meint es gut mit Ihnen", hieß die Antwort. Der Kranke ist dem guten Rat gefolgt und hat es gelernt, seinen Willen mit dem Willen Gottes in Einklang zu bringen.

So übte der Gerichtsrat seinen Dienst als Presbyter. Diesen Dienst hat er lange bekleidet als ein treuer Mitarbeiter seines Pastors. Als Richter hatte er nicht bloß während seiner Dienststunden ein offenes Ohr für die, welche guten Rat suchten. Auch in seiner Wohnung war er zu sprechen und hat auf diese Weise manchen Prozeß verhindert.

Neben den getreuen Nachbarn nennt Luther die „guten Freunde" als zum täglichen Brote gehörig. Ein guter Freund ist mir auch der alte Pastor v. Bodelschwingh geworden. Ich hörte ihn zum ersten Male predigen auf einem Fest für Innere Mission in Alswede. Sein Text war Joh. 19, 31: Es kam aber auch Nikodemus und brachte Myrrhen und Aloe untereinander bei Hundert Pfunden. Sein erster Satz war: Ich mag den lieben Nikodemus gut leiden. Mit dem Leichnam Jesu verglich er unser Volk, welches wir vor dem Verderben bewahren müßten. Nachher fragte ich eine junge Genferin, welche französisch sprach, ob sie die

Predigt verstanden hätte. Sie antwortete französisch: „Den Herrn von Bodelschwingh mag ich gut leiden."

Unsere erste nähere persönliche Begegnung war nicht gerade erfreulicher Art. Er hatte mir einen Verdruß bereitet, was er besser nicht getan hätte, und ich stellte ihn deshalb zur Rede, wie der Heiland es Matthäi 18 geboten hat. „Höret er dich", sagt er dort, „so hast Du Deinen Bruder gewonnen." Er hörte auf meine Vorhaltung und nun hatte ich ihn gewonnen. Es schien mir zuweilen, daß er mich besonders ins Herz geschlossen hätte. Zweimal mußte ich eine Festpredigt halten: auf dem Jahresfest in Bethel und auf dem von Sarepta.

Einmal hatte ich mit seinem ältesten Sohne, dem Pastor von Sarepta, etwas zu verhandeln und wartete auf das Ende der Sitzung, an welcher er gerade teilnahm. Der alte Vater kam heraus und fragte nach meinem Begehren. „Ich wollte Ihrem Sohne etwas mitteilen", sagte ich. „Kannst es mir auch sagen", meinte er. „Nein, ich wollte es Ihrem Sohne sagen." So ging die Rede hin und her. Ihn zu duzen, wagte ich nicht. Da sagte er: „Wir haben doch längst Brüderschaft gemacht", meinte er. „Bis jetzt noch nicht", war die Antwort. „Das hast du wieder vergessen." So wurde das Gleichgewicht wieder hergestellt.

Das erste Werk, durch welches er in die Weite gewirkt hat, ist die Arbeiterkolonie Wilhelmsdorf. Als er den Gedanken dieses Unternehmens zum ersten Mal auf der Pastoren-Konferenz in Bielefeld entwickelte, meinte sein Freund, der Pastor Siebold, jetzt müsse er doch Gott ernstlich bitten, daß er Bodelschwingh seinen Verstand ließe.

Meine erste Predigt als Synodalvikar der Synode Bielefeld hatte ich am 2. Pfingsttage 1883 in Kraks zu halten, nicht weit von Wilhelmsdorf. Am Nachmittag vorher besuchte ich die Kolonie. Der Hausvater bat mich, die Abendandacht zu halten. Der Text, die erste Pfingst-Epistel, hat selten so gut gepaßt. Denn da saßen sie vor mir „aus allerlei Volk, das unter dem Himmel ist". Das Harmonium spielte ein Dachdecker.

Durch die Arbeiterkolonie hat sich Bodelschwingh um den Staat, durch die theologische Schule um die Kirche verdient gemacht. Von dieser Schule galt, wie von allen seinen Arbeiten: was er macht, das gerät wohl. Und wenn ich mich frage, was das Geheimnis seines Erfolgs war, dann weiß ich keine andere Antwort als die: Er suchte nicht das Seine.

Die Brüder von der Landstraße

So nannte Pastor v. Bodelschwingh die wandernden Handwerksburschen. Einer ließ mich aus dem Konfirmanden-Unterricht rufen, worüber ich ihm Vorhaltungen machte. Ich solle ihn nicht schelten, sagte er, er wäre gewesen, wo ich gewesen wäre. Ich fragte, wo er denn gewesen wäre, und er sagte, er hätte in Bonn studiert. Ich hieß ihn warten, er solle mit mir zu Mittag essen. Ich war noch unverheiratet. Auf meine Frage, wo er auf dem Gymnasium gewesen wäre, antwortete er: „In Petershagen", und merkte gar nicht, daß er sich damit als Lügner hinstellte. Für das Mittagessen mußte er eine halbe Stunde mit mir Holz sägen, wozu er auch bereit war. Nach einer Weile fragte er, ob nicht bald Schluß wäre.

J. Mergentheim & Co., Lübbecke.

Unser Ausverkauf umfasst das gesamte Warenlager
begann am 31. Januar
und endet am Sonnabend den 26. Februar.

Gesangbücher
große Auswahl in allen Preislagen.
Fr. Werneburg's Buchhandlung.

Für Konfirmanden!
Damen- und Herren-Uhren, Uhrketten, Halsketten, Armbänder, Broschen, Ringe, Krawattennadeln, Manschettenknöpfe, Ohrringe usw.
in großer Auswahl zu billigen Preisen.
A. Iseringhausen Nachf.
Inh.: Fr. Erythropel.
NB. Auf jede Uhr 4 Jahre Garantie.

Beste Zuchtsäue
hat wegen Ueberfüllung der Ställe noch abzugeben:
15 Stück ältere tragende Sauen,
15 Stück tragende Erstlingssauen.
Sämtlich angekörte Tiere und daher zur Blutauffrischung sehr zu empfehlen.
Rittergut Crollage.

Allerfrüheste Maierbse,
die beliebte von mir eingeführte Sorte, empfiehlt
August Lümkemann.

Bekanntmachung.
Hiermit die ergebene Anzeige, daß ich mich am hiesigen Platze Bleichstraße 55 als
Bauunternehmer
niedergelassen habe. Das Absolvieren einer Königl. Schule, sowie langjährige Beschäftigung bei erstem Baumeistern der benachbarten Städte setzt mich instand, den weitgehendsten Anforderungen gerecht zu werden. Durch prompte und billige Bedienung werde ich mir das Zutrauen der werten geehrten Kunden zu erwerben suchen.
Indem ich mich hier zu allen in mein Fach fallenden Arbeiten bestens empfohlen halte, zeichne hochachtungsvoll
H. Glösemeier,
Baugeschäft.

Leinsamen
zum Füttern
Allerbestes Fischmehl,
rein, deshalb haltbar und von höchstem Nährwert, empfiehlt in 100 Pfund-Säcken und ausgewogen
Aug. Lümkemann.

Gesangbücher
in großer Auswahl, dauerhafte Einbände, billigste Preise empfiehlt
Lübbede. H. Winter Wwe.

Viel Eier
erzielt man in jeder Jahreszeit auch ganz ohne freien Auslauf und im Winter bei der frengsten Kälte durch das 1000 fach erprobte und allgemein gelobte Geflügelfutter „Ragut". Näheres umfonst durch: Fr. Bolhöfner, Mühle, Holzhausen.

Geschäfts-Eröffnung.
Am Dienstag den 23. d. M. eröffne ich neben meinem Eisenwaren-Geschäft eine
Kolonialwaren-Handlung.
Ich bitte höfl. um gütige Unterstützung und sichere gute Ware zu billigen Preisen zu.
Hochachtend!
W. Nolte jr.
Hüllhorst.

Auf sofort oder später suche Stellung als
Knecht
zum Bier- oder Seiterwagen- fahren.
Angebote unter Nr. 367 an das Lübbecker Kreisblatt.

Suche zu Oftern ein
Lehrmädchen
welches die Damenschneiderei erlernen will.
Marie Scheer, Hüllhorst.

10 Mädchen
vom Lande suchen Dienststellen. Off. Centralblatt Heiligenstadt, Eichsfeld, mit Rückporto e.b.

Junger Mann
sucht zum 1. April nett möbl. Zimmer, am liebsten mit voller Pension. Off. mit Preis unter O. St. b.f. die Exped. d. Blg.

Roßläuse mit Brut vernichtet radikal Rademachers Goldgeist. Patentamtl. gesch. Nr. 75198. Geruch- u. farblos. Reinigt die Kopfhaut von Schuppen, befördert den Haarwuchs, vertreibt den Juckreiz und Parasiten. Wichtig für Schulkinder. Flasche 50 Pf. Erhältl. in Drogerien u. Apotheken. Wo nicht erhältlich, genügt Einsdg. von 50 Pf. direkt vom alleinigen Fabrikanten Franz Rademacher & Co., Siegburg. — Um sich vor minderwert. Nachahmung zu schützen, achte man beim Einkauf auf d. g. N. Nr. 75198 patentamtl. geschützte Warenzeichen „Goldgeist".

1 Armband gefunden.
Fritz Hettler.

Holz-Verkauf.
Freitag den 25. Februar er. werde ich im Auftrage des Kolon Friedrich Kammann Nr. 37 in Frotheim, etwa
15 Nummern Kiefern zu leichtem Bauholz,
20 Haufen gemischtes Brennholz,
10 Nummern zu Baumstangen etc.
5 Haufen Lampenholz,
5 Haufen gute Rider
öffentlich meistbietend verkaufen. Hierzu lade kauflustige Freitag morgens 10 Uhr nach dem Holze des Kammann, bei Neubauer Mühle Nr. 191 in Frotheim belegen, ein.
Ifenstedt, 17. Februar 1910.
Heinrich Pott.

Holz-Verkauf.
Freitag den 25. Februar er. werde ich im Auftrage des Kolon Hermann Huck Nr. 9 in Ifenstedt, etwa
15 Haufen schweres Brennholz, wozu Kauflustige sich Freitag nachmittag 4 Uhr auf dem Grundstück des Huck, auf dem Nichtepatt bei Ackerbürger Strathmeyer belegen, einfinden wollen.
Ifenstedt, 17. Februar 1910.
Heinrich Pott.

Stadttheater Bielefeld.
Sonntag, 20. Febr. **Der scheele Bauer.** Operette. Anfang 7, Ende 9¼ Uhr.
Montag, 21. Febr. Nur einmaliges außerordentliches Gastspiel Meistersängers zur Laute Robert Kothe. **Deutscher Volksliederabend.** Anfang 8 Uhr, Ende 10 Uhr.
Dienstag, 22. Febr. 2te Mal: **Der Akerbürger.** Anfang 7½, Ende gegen 10½ Uhr.
Mittwoch, 23. Februar. Die **Förster-Christl.** Anfang 7½, Ende 10 Uhr.
Donnerstag, 24. Febr. **Der König** (Le roi). Anfang 7½, Ende 10 Uhr.
Sonnabend, 26. Februar. **Gsö von Sölichingen.** Anfang 7 Uhr, Ende 10½ Uhr.

Billige Mähmaschinen!
Besonderer Umstände halber sind erstklassige neue sehr stark gebaute Mähmaschinen, mit ff. leichtem Zug und dabei sauberem kurzen Schnitt, billig auf Probe abzugeben. Anfrage bef. die Exped. d. Bl.

Achtung!
Hausverkauf.
Ein gut erhalt. v. stark. Eichenholz erbautes Haus (Fachwerk), 40 F. lang, 36 breit, ist megen Platzmangel auf Abbruch sofort aus der Hand zu verkaufen. Reflektanten wollen sich bei Kol. Huchtermeyer 3, Büttendorf, melden.

Für Konfirmanden-Einkäufe
empfehle
☞ schwarze und farbige Kleiderstoffe in großer Auswahl ☜
Sämtliche Artikel für Landtrachten wie Tücher, Flanelle, Schürzenstoffe, Bänder in allen Breiten sind in neuen Mustern zu sehr billigen Preisen am Lager.
Anzugstoffe sowie von eigenen Stoffen angefertigte **Konfirmanden-Anzüge** in allen Qualitäten und Preislagen
Schwarze Konfirmanden-Hüte sowie Schlipse, Kragen und Vorhemden
empfiehlt billigst

Langestraße 57.

F. W. Meyer
Inh.: C. Eitner.

Seite des „Lübbecker Kreis-Blatt" vom 19. Februar 1910

Wenn die halbe Stunde zu Ende sei, sagte ich. Ja er liebe auch, was recht ist. „Wenn Sie lieben, was recht ist, dürfen Sie nicht lügen, denn eben haben Sie gelogen, weil Petershagen kein Gymnasium hat." Er sprach auch die Hoffnung aus, ich würde ihm eine Zigarre schenken. „Davon ist keine Rede, das Sägen ist für das Essen." Die halbe Stunde hielt er aus.

Ein andermal kam einer, während ich Sonntag nachmittags meine Bibelstunde nochmal überlas. Er sah aus wie eine heruntergekommene Größe. Die Rede floß ihm nur so vom Munde. Sein Vater wäre Oberst eines Kavallerie-Regiments usw. Er hätte bessere Tage gesehen, indes fuhr er fort: tempora mutantur, nos et mutamur in illis (Die Zeiten ändern sich und wir mit ihnen). „Was wünschen Sie?" fragte ich. Als er um Geld bat, hieß die Antwort: „Gegeben wird nichts." „Aber", meinte er, „nulla regula sine exceptione (Keine Regel ohne Ausnahme)." „Ausnahmen werden nicht gemacht." Da empfahl er sich. Nachher hörte ich, daß er steckbrieflich verfolgt wurde.

Weil das Pfarrhaus an der Landstraße liegt, war der Besuch von Wanderern ein häufiger. Allmählich wurde er seltener, weil es kein Geld, sondern Essen gab und nicht ohne Arbeit: Holz hauen, Jauche tragen und dergleichen. Manchmal, wenn sie zum Essen gerufen werden sollten, hatten sie das Beil oder den Jauche-Eimer liegengelassen und waren weitergegangen. Unter Umständen bekam einer auch ein Nachtlager. Einmal war ein Gärtner tagelang bei uns und bekam Tagelohn, wofür er uns im Garten gute Dienste leistete. Einmal kam es sogar vor, daß einer von meinen Zöglingen aus dem Züllchower Rettungshause bei mir vorsprach. Auf meine Ermahnung, dauernde Arbeit anzunehmen, ist er nicht wiedergekommen. Es ist ein großer Verdienst unserer neuen Regierung, daß sie die Wanderbettelei fast ganz unterbunden hat. Der Pastor v. Bodelschwingh sagte oft: „Es kostet weniger, einen Menschen zu retten, als ihn verkommen zu lassen."

Meine Krankheiten

Obgleich ich eine gute Gesundheit habe, bin ich doch etliche Male krank gewesen an der Grippe. Längere Zeit hat mir auch ein Halsleiden zu schaffen gemacht, was bei einem, der viel reden muß, erklärlich ist. Das erste Mal fuhr ich nach Bremen zu einem Spezialisten für Halsleiden, der mir empfohlen war. Auf seine Frage nach meinem Leiden sagte ich, daß ich es nicht für bedeutend halte, meine Frau sich aber meinetwegen Sorge mache. „Alle eure Sorge werfet auf ihn, denn er sorget für euch", antwortete er. „Warten Sie, ich komme Ihnen mit Bibelsprüchen." Bei dem, der nach mir kam, hieß seine Frage: „Wie heißen Sie?" Antwort: „Lämmerhirt." Weitere Frage: „Was sind Sie?" Antwort: „Lehrer." „Da haben Sie ja den richtigen Namen." Wieder die Anspielung auf ein Bibelwort. Ein Pastor, der vor mir dran war, fragte, ob er rauchen dürfe. Das wurde ihm nicht erlaubt. Deshalb fragte ich gar nicht erst und sah es auch für mich als verboten an. Kurz vor meiner Reise hatte mir jemand eine Zigarettenmaschine geschenkt, mit der man sich die Zigaretten selber drehen konnte. Nun schenkte ich sie weiter. Soviel Mühe ich darauf verwandt hatte, das Rauchen zu lernen, so leicht wurde es mir, es zu lassen. Zehn Jahre habe ich vom Rauchen gefastet und es

Im Jahr 1917 mußte auch die Kirchengemeinde Blasheim Glocken für den 1. Weltkrieg abgeben

dann allmählich wieder angefangen. Nach abermal zwanzig Jahren faste ich jetzt wieder und denke auch, dabei zu bleiben. Wir wollen doch mal sehen, wer Herr im Hause ist, sagte einer, der gern rauchte, und dann versteckte er die Pfeife für einige Zeit. Es ist nicht recht, das Rauchen als unchristlich zu verbieten. Aber es zur Leidenschaft werden zu lassen, ist auch unrecht.

Von diesem Arzt, der in der Bibel so gut Bescheid wußte und seine Patienten mit gutem Humor aufheiterte, las ich nach Jahren in der Zeitung, daß er in seiner Heimat Bayern in einen Gletscherspalt gestürzt und samt seinem Führer erfroren war. In seinem Notizbuch hatte er beschrieben, wie es ihnen gegangen und wie alle ihre Rettungsversuche mißlungen waren. Es war herzbeweglich zu lesen, wie sie den Tod vor Augen hatten. Nach ihrem Tode wurden sie erst gefunden.

Zehn Jahre später schickte mich ein anderer Spezialist nach Ems, um einen chronischen Kehlkopf-Katarrh loszuwerden. Ein alter Sanitätsrat aus der nassauischen Zeit, den ich annahm, untersuchte meinen Hals mit Hilfe einer Steinöl-Lampe. Immer hieß sein Urteil: Es sieht gut aus. Aber seine Augen sahen nicht, was mir fehlte, sowenig wie der Arzt in Bremen es gesehen hatte. Ein befreundeter Pastor, der ebenfalls nach Ems kam, beredete mich, mit ihm nach Frankfurt zu Dr. Spieß zu fahren, der ihm, als er stimmlos war, wieder zur Stimme geholfen hatte. Er untersuchte mich ganz kurz und sagte sofort, das fehle mir nicht, weshalb man mich nach Ems geschickt hätte. Ich hätte eiternde Mandeln, und die müßten heraus. Auf meine Bitte nahm er sie sofort heraus, was zwei Minuten dauerte. Der Assistent hatte die Nachbehandlung. Als ich den nach meiner Schuld fragte, antwortete er mit der Gegenfrage: „Ist Ihnen 12 Mark zuviel?" Ich traute meinen Ohren kaum, als ich das hörte. Dr. Spieß hatte einen Weltruf. Später hat er den Kaiser operiert und nun diese niedrige Forderung. Man sagte von ihm, Pastoren und Lehrer, Leutnants und Dienstmädchen brauchten bei ihm nicht viel zu geben, weil sie selber nicht viel hätten. Diesem menschenfreundlichen Arzt verdanke ich es, menschlich geredet, daß ich noch dreißig Jahre und länger ohne Beschwerden habe predigen können. Von vielen Ärzten wird im geheimen an unbemittelten Patienten viel Gutes getan. Ebenso danke ich es zwei Ärzten, daß sie mich während der Grippe mit viel Weisheit, Liebe und Festigkeit behandelt haben. Ihnen ist es, menschlich geredet, zuzuschreiben, daß die Grippe mich nicht untergekriegt hat, wie es ihr bei manchen gelungen ist.

Der Wirt, bei dem ich in Ems wohnte, ging nicht in die Kirche. Während des Sommers, sagte der Pastor V. in Ems, pausiere das Christentum der Emser. Ich bat Herrn M., mit mir in die Kirche zu gehen, und er versprach es. Nun war ich aber nächsten Sonntag in Frankfurt a. M. „Herr M., wo sind Sie in der Kirche gewesen?" fragte ich ihn abends nach meiner Rückkehr, denn Ems hat zwei Kirchen. „Sie waren ja nicht da", hieß seine Entschuldigung. Wer keine Lust hat zu Gottes Wort, ist um eine Entschuldigung nie verlegen. Der Hausvater im Evangelium aber wird zornig, als die geladenen Gäste sich entschuldigen. Während meiner Emser Zeit befahl die Mode, daß die Frauen Pelze trugen, und sie trugen Pelze in der Augusthitze. Es gibt keinen härteren Tyrannen als die Mode, und es gibt keinen Tyrannen, dem so willig gehorcht wird wie die Mode.

In dieser Zeit starb die Kaiserin Friedrich. Von Trauer sah man in der Öffentlichkeit wenig. Auf der Lesehalle fand ich in einer holländischen Zeitung über sie den Satz: ‚Se harr de broek an' und fragte einen neben mir sitzenden Holländer, was ‚broek' heißt. Zur Antwort zeigte er auf seine Hose. Eine deutsche Zeitung hätte so etwas nicht drucken dürfen. Im Auslande durften sie so deutlich reden, und sie redeten die Wahrheit. Gustav Freytag, der während des Krieges 1870 im Hauptquartier des Kronprinzen von Preußen war, sagt in seinem Büchlein „Unser Kronprinz" von diesem: Eine Unterordnung unter seine Frau war eine völlige. Zuweilen wäre der Aufbruch des Hauptquartiers verzögert, weil der Brief an Viktoria noch nicht fertig war. Gott weiß, warum er die Regierung dieser Frau nicht länger als 99 Tage währen ließ.

Meine Schreiberei

Ich war noch nicht lange in Blasheim, als ich Redakteur einer politischen Zeitung wurde und zwar in Gemeinschaft mit dem Pastor Culemann, der Synodal-Vikar in Holzhausen und später Konsistorialrat in Münster war. Die Zeitung war der „Conservative Volksfreund", den mein Großvater seinerzeit mitbegründet hatte. Ein anderer sehr geschätzter Mitarbeiter war der Pastor Schneider in Lippspringe, der einen vorzüglichen „Kirchlichen Quartal-Bericht" für das Blatt schrieb. Nachdem wir ein oder zwei Jahre an dem Blatt gearbeitet, ging seine Herausgabe in die Hände des Leiters der „Neuen Westfälischen Volkszeitung" über. Dann ist die Öffentlichkeit jahrelang von meiner Feder unbehelligt geblieben, bis der Superintendent Volkening mich aufforderte, als ständige Lebensbild für den Minden-Ravensberger Volkskalender zu schreiben. Das habe ich einige Jahre getan. Dann wurde ich gelegentlicher Mitarbeiter für das von Pastor Michaelis herausgegebene „Westfälische Sonntagsblatt". Im Jahre 1901 wurde die Herausgabe dieses Blattes mir übertragen. Es gelang mir, für den einleitenden erbaulichen Teil nacheinander tüchtige Mitarbeiter zu finden und einen anderen mit einer besonders glücklichen Feder für die Bearbeitung der Zeitgeschichte. Danebenher ging persönliche Werbung auf Pastoren- und Lehrerkonferenzen und bei anderen Gelegenheiten. Infolgedessen stieg die Leserzahl des Blattes so, daß der Verein für Innere Mission in Minden-Ravensberg, dem das Blatt gehörte, nicht bloß die Schreiber anständig bezahlen, sondern auch bedürftige Gemeinden unterstützen konnte. Während des Krieges wurden die Berichte des Sonntagsblattes so bekannt, daß ein rheinischer Pfarrer tausend Stück auf einmal bestellte. Es wurde an die Front geschickt und im Schützengraben gelesen. Weil aber der zuletzt genannte Mitarbeiter die Kunst nicht verstand, es allen Leuten recht zu machen, wurde nach dem Kriege auf seine Mitarbeit verzichtet. Und weil der Herausgeber diese Kunst auch nicht verstand, wurde er ebenfalls durch einen anderen ersetzt.

Nicht lange vorher hatte ich eine andere Arbeit aus der Hand geben müssen: die Kreisschulinspektion im Nebenamt. Etwa 95 Lehrpersonen mußte ich jedes Jahr einmal besuchen und über sie berichten. Obgleich die meisten Lehrer einen Kreisschulinspektor im Hauptamt lieber gehabt hätten, bin ich doch gut mit ihnen ausgekommen. Die Regierung in Minden machte durchaus nicht den Anspruch auf Unfehlbarkeit. Sie war für Vorstellungen zugänglich und hatte viel Verständnis für die christliche Art der Volksschule. Die Zusammenarbeit mit dem juristischen und dem Fachvertreter der Regierung vollzog sich reibungslos, und ich denke gern an diese Männer zurück.

Unter der Regierung nach dem Umsturze mußte die geistliche Orts-Schulaufsicht und die nebenamtliche Kreisschulinspektion bald verschwinden; die erste zuerst. Es ist ein unaustilgbarer Schandfleck dieser Regierung, daß sie zum Minister für Volksbildung einen völlig ungebildeten Mann machte, der keinen Satz richtig sprechen oder schreiben konnte. Als der die geistliche Orts-Schulaufsicht mit einem Federstriche aufgehoben hatte, wußte die Bezirksregierung zuerst nicht, wie sie daran war. Der Erlaß des Ministers war ungesetzlich, weil nicht er allein, sondern das ganze Ministerium hierfür zuständig war. Sie schickte den Kreisschulinspektoren das Amtliche Schulblatt für die Ortsschulinspektoren immer noch zu samt dem Streifband mit dem Aufdruck: „An den Herrn Ortsschulinspektor" und zwar mit der Bemerkung: „zu beliebiger Verwendung".

Die theologische Woche in Bethel

Der Professor Schwenninger, der zuerst den jungen und dann den alten Bismarck kuriert hat, sagt in einer kleinen Schrift: Die meisten Ärzte bleiben auf dem Standpunkte des medizinischen Staatsexamens stehen, von dem er sagt, daß er ein niedriger ist. Er muß seine Behauptungen verantworten. Ob es damals zutraf, weiß ich nicht, und ob es heute noch zutrifft, weiß ich auch nicht. Aber das weiß ich, daß viele Ärzte darauf bedacht sind, nicht bloß durch die Praxis weiter zu lernen, sondern sich auch wissenschaftlich weiterzubilden. Dieses Bestreben ist in den letzten Jahrzehnten unter den studierten Leuten überhaupt lebendig geworden. Daß es auch unter den Theologen in unserer Gegend und weithin geschehen ist, verdanken wir dem alten Pastor v. Bodelschwingh. Er zeichnete sich dadurch aus, daß er originelle Gedanken hatte. Vor 36 Jahren hatte er den Gedanken der theologischen Woche, welche dazu helfen sollte, die Pastoren im Zusammenhang mit der theologischen Wissenschaft der Gegenwart zu bringen und darin zu erhalten. In der theologischen Woche sollten Professoren und Pastoren voneinander lernen. Seitdem gibt es ähnliche Veranstaltungen in ganz Deutschland. In alten Zeiten war es der Grundsatz mancher Professoren, wie mal einer gesagt hat: „Lasset uns Professoren machen, ein Bild, das uns gleich sei." Aber ob die Pastoren ihre Weisheit nachher im Amte verwerten könnten, danach fragten sie nicht. Durch die Aussprache mit den Pastoren lernten die Professoren, wo jene der Schuh drückte und was sie zu einer gesegneten Amtsführung gebrauchen. Die Kirche muß dem Pastor v. Bodelschwingh dankbar sein, daß er diese Sache angefangen und in Fluß gebracht hat. Er selbst war kein Gelehrter, aber vielen hat er mit dieser Sache einen großen Dienst getan. Seit 1898, wo die erste theologische Woche in Bethel war, habe ich fast regelmäßig an ihr teilgenommen und viel Gewinn davon gehabt. Zuerst waren es die Professoren Cremer und Schlotter, welche die Hauptarbeit taten. Dann kam Lütgert und viele andere. Aber Schlatter fehlte selten oder nie. Noch als Ruheständler

1 Milliarde Mk. Belohnung.

In den letzten Wochen sind von einem Lagerboden der Fa. Hackelborg, Lehrter Güterbahnhof,

zwei Kirchen-Glocken

aus Bronze, 25 bis 30 cm hoch, 20 und 25 cm weite, ca. 25 und 30 Pfund schwer, eine Glocke mit russischer Umschrift, die andere Glocke ohne Umschrift, im Gesamtwerte von etwa 20 Milliarden Mark, gestohlen worden.

Für die Wiederherbeischaffung des Diebesgutes und Ergreifung des Täters ist von der geschädigten Firma obige Belohnung ausgelobt.

Nachrichten, welche auf Wunsch streng vertraulich behandelt werden, sind zu richten an Kriminalkommissar Geissel, Polizeipräsidium Berlin, Zimmer 55-56, Hausruf 434 u. 195.

Zwei Plakate, die 1923 an Berliner Litfaßsäulen zu sehen waren

Berlin, halt ein! Besinne Dich. Dein Tänzer ist der Tod.

kam er nach Bethel. Ich freute mich über jede neue Bekanntschaft mit einem Professor, denn das gab neuen Anlaß zur persönlichen Fürbitte. Professor Schlatter beklagte sich einmal darüber, daß er in den vielen Versammlungen von Theologen, denen er beigewohnt, noch keine Fürbitte für die Professoren der Theologie gehört habe. Professoren muß Gott geben, und wir müssen ihn darum bitten. Wenn Gott seiner Kirche Heil gegeben hat, dann hat er es oft durch Professoren der Theologie getan. Luther war ein richtiger Professor. Er beruft sich darauf, daß sein Doktoreid ihn zur Erklärung der heiligen Schrift genötigt habe. August Hermann Franke war Professor. Und wenn Schleiermacher auch nicht im Mittelpunkt des Evangeliums stand, so war er doch der Erneuerer der evangelischen Theologie nach langem Winterschlafe.

Mit großer Erwartung bin ich jedesmal zur theologischen Woche gekommen, und mit einer Fülle neuer Eindrücke und Erkenntnisse bin ich heimgefahren. Einigemal habe ich auch während der Woche in Bethel tätig sein dürfen. Ich erinnere mich an eine Stunde mit den epileptischen Kindern. Nach mir kam der Garde-Pfarrer Keßler dran, der als Kandidat Erzieher der beiden ältesten Söhne des Kaisers gewesen war und den Kindern vom Kaiser erzählte. Als wir beide nachher bei einem Glase „Bethelsekt", wie man dort die Brause nennt, zusammensaßen, hat er mir auch von seinen Erfahrungen im Kaiserhause erzählt. Einiges davon sei hier wiedergegeben.

Der Kaiser fing seinen Tageslauf damit an, daß er mit der Kaiserin in der Bibel lese. Wie genau es der Kaiser mit seiner Pflicht nahm, habe einmal ein Minister erfahren. Der hatte für den Empfang eines Stipendiums drei Bewerber vorgeschlagen und deutlich merken lassen, welchem von den dreien er die Wohltat zuwenden möge. Der Kaiser entschied aber anders und bestimmte als Empfänger den Sohn einer Witwe, denn, schrieb er an den Rand des Schriftstücks, der Sohn einer Witwe hat bei mir immer den Vorzug. Der Kaiser ging jeden Sonntag zur Kirche. Und wenn er Sonntag morgens kurz vor Beginn des Gottesdienstes von der Reise zurückkehre, fahre er von der Bahn geradewegs in die Kirche. Einmal begegnete der Kaiser dem Kandidaten Keßler, als dieser nach dem Gottesdienste aus dem Schlosse kam. „Keßler", sagte er, „Sie sind nicht in der Predigt gewesen." „Majestät, ich habe mir selber eine gehalten." „Na, wenn das nur keine alte gewesen ist." Zuweilen mußte Keßler, als er schon Pfarrer bei der Garde war, die Predigt machen, welche der Kaiser auf seiner Nordlandreise der Schiffsbesatzung vorlas. Erst mußte er über drei Texte je einen Entwurf aufschreiben und dem Kaiser schicken. Der Kaiser bestimmte dann den Text der Predigt. Keßler sagte, er hätte darauf rechnen können, daß der Text, welcher am meisten in die Tiefe ging und ans Herz griff, vom Kaiser gewählt würde. Die Predigt wurde auf dem Schiff abgeschrieben, und der Kaiser las sie vorher so genau durch, daß es beim Vorlesen scheinen konnte, als hielte er sie frei, wodurch die Rede aufkam, der Kaiser predige selbst. Weil Keßlers Predigt gewöhnlich drei Teile hatte, bat der Kaiser ihn, er möchte lieber zwei Teile machen, die könnte er leichter behalten. Wenn er ihm den Gefallen täte, wolle er bei seinem Jungen Pate sein. Keßler erfüllte den Wunsch des Kaisers, und der Kaiser hielt sein Versprechen. Später begegnete er Sonntag mittags Offizieren, welche aus Keßlers Predigt kamen, und fragte sie, wieviel Teile Keßler gehabt habe. Sie

117

konnten sich nicht erinnern. Am Ende hätte er gar keine Teile gehabt, damit er, der Kaiser, noch einmal Pate bei seinem Jungen würde.

Wie sorgfältig die Kaiserin ihre Kinder erzog, davon erzählte K. eine erbauliche Geschichte. Die Kaiserin hatte Besuch von einer Generalin. Die Prinzen waren mit im Zimmer. Da sagte die Generalin, als sie aus dem Fenster sah: „Ach Gott, da ist ja mein Mann." Die Kaiserin schickte die Kinder hinaus und sagte zu der Generalin: „Haben Sie es wohl gemerkt?" „Ja, ich habe es gemerkt. Der Kronprinz sah mich so strafend an." „Meine Kinder", sagte die Kaiserin, „sind nicht gewohnt, den Namen Gottes mißbrauchen zu hören."

Als Keßler mit dem Prinzen den Spruch durchnahm: Sie sind allzumal Sünder usw., sagte der Kronprinz: „Herr Keßler, das glaube ich nicht. Papa und Mama sind keine Sünder." Keßler sagte, Gottes Wort müßten wir gelten lassen. Inbezug auf seinen Vater ließ der Kronprinz seinen Widerspruch fallen, „aber Mama ist keine Sünderin." Wenn der heilige Paulus etwas sage, meinte Keßler, müßten wir uns bescheiden. „Der heilige Paulus hat die Mama gar nicht gekannt", meinte der Kronprinz. Er war also der Meinung, Paulus würde seine Mutter ausgenommen haben, wenn er sie gekannt hätte. Was für einen vorsichtigen Wandel muß diese Frau geführt haben, daß ihre Kinder eine solche Meinung von ihr hatten.

Die Kaiserin war in Kissingen zur Kur und hatte ihre Kinder mitgenommen, deren Unterricht nicht unterbrochen wurde. Sonntags mußte Keßler für die Kaiserin und für ihr Hofgesinde einen besonderen Gottesdienst im Saale des Gasthauses halten. Die Kaiserin versprach den Prinzen, am Sonntage dürften sie am Gottesdienst teilnehmen. In der ganzen Woche vorher war von nichts soviel die Rede, wie von dem Besuche des Gottesdienstes, der für die prinzlichen Kinder der erste war. Keßler hatte als Text die Frage des Heilandes an Petrus: Hast du mich lieb? Er sagte in der Predigt, daß jeder sich vorstellen müsse, der Heiland frage ihn persönlich: Hast du mich lieb? Jeder solle sich auch fragen, ob er dasselbe antworten könne wie Petrus. Da schallte eine Knabenstimme durch den Saal: „Aber ganz gewiß." Es war die Stimme des Kronprinzen, der nicht gewußt hatte, daß man in der Kirche schweigen muß. Einmal hatten sie in der Andacht gesungen: „Laßt mich gehn." Nachher fragte der Kronprinz, wie das wäre mit den goldenen Gassen, ob die Straßen des himmlischen Jerusalem mit Gold gepflastert wären. Als Keßler das bestätigte, sagte er: „Nun weiß ich, was ich tue, wenn ich im Himmel bin." „Was werden Sie denn tun?" fragte Keßler. „Ich stecke mir die Taschen voll Gold, gehe dahin, wo man Berlin sehen kann, und werfe das Gold hinunter für die armen Leute in Berlin." Es war gerade in der Zeit, als der Kaiser einen sozialen Erlaß herausgegeben hatte. Bei der Begegnung mit dem Kaiser sagte Keßler zu ihm: „Majestät, heute hat der Kronprinz seinen ersten sozialen Erlaß von sich gegeben", und erzählte ihm den Vorfall.

Meine Reisen

Von zwei Reisen während meiner Studienzeit ist schon die Rede gewesen. Eine habe ich noch als Student nach Rügen gemacht. Von dieser ist mir erinnerlich, daß man auf der Treppe des Schlosses in Putbus Ratten laufen sah. Der Fürst bewohnte das Schloß nicht. Weil er bankrott gemacht hatte, zog er es vor, im Auslande zu leben. Nun hatte das Wild auf Rügen gute Tage. Rehe sahen wir außerhalb des Wildgatters im Hafer herumspringen, und innerhalb des Gatters standen die Hirsche nicht auf, als wir dicht an ihnen vorbeigingen.

Auf dem Felde sah ich, was ich noch nie gesehen hatte: vier Pferde vor einem Erntewagen. Der Knecht saß auf dem Handpferde im Sattel und blieb sitzen, während das Fuder beladen wurde. Nach ihm fuhr ein anderer vor, der es geradeso machte. Heute kann sich die Landwirtschaft solchen Luxus nicht mehr leisten.

Später bin ich noch einmal zur Nachtzeit auf Rügen gewesen, habe darum von der Schönheit der Insel nichts gesehen. Der Berliner Schnellzug, welcher uns nach Schweden bringen sollte, fuhr in Saßnitz auf ein Fährschiff, wobei er mitten durchgeteilt wurde. In Schweden fuhr er dann weiter. So konnte man von Berlin bis Stockholm auf demselben Platze sitzen bleiben. Der Vers: „Kein Reisen ist ohn' Ungemach", gilt heute kaum noch.

Im Jahre 1908 habe ich vom Sonntagsblatte eine Reise im westlichen Mittelmeer und im Jahre 1913 eine Reise nach Palästina geschenkt bekommen. Was die Reisen kosten, habe ich z. T. damit ersetzt, daß ich sie im Sonntagsblatte ausführlich beschrieb. Von einer nochmaligen Beschreibung dieser Reisen sehe ich deshalb ab. Ich müßte mich ja sonst selbst abschreiben.

Im Jahre 1916 bin ich in Holland und in Russisch-Polen gewesen, worüber das Sonntagsblatt ebenfalls berichtet hat.

Nach Palästina möchte ich nicht noch einmal, und wenn mir die Reise auch geschenkt würde. Im Jahre 1913 haben wir das Land noch gesehen, wie es seit Jahrtausenden gewesen war. Denn der Türke änderte nichts. Im folgenden Jahr kam der Krieg und durch denselben eine gründliche Änderung. Vorher gab es noch kein Auto im ganzen Lande, weil die Wege nicht danach waren. Jetzt rasen die Autos durchs ganze Land. Von Berlin bis Jerusalem kann man mit der Eisenbahn fahren. Damals war das Tote Meer wirklich tot. Jetzt fahren Motorboote darauf hin und her. Ein Stauwerk im Jordan soll das ganze Land mit Elektrizität versorgen. Nahe bei Jaffa ist eine neue Stadt mit 50 000 Einwohnern, lauter Juden, entstanden. Jerusalem hat eine jüdische Universität, die den Namen allerdings nicht verdient. Das Hebräische, eine tote Sprache, soll wieder lebendig gemacht werden, was nicht gelingen wird. Die Juden wollen das Land wieder zu ihrem Land machen, und die Mohammedaner wollen es behalten. In diesem Streit ist schon Blut geflossen.

Ich sehe meine Reisen als ein Gottesgeschenk an. Es ist nicht bloß lehrreich, anderer Herren Länder kennenzulernen, es macht auch zufrieden und dankbar. Nirgends geschieht so viel, Unglück zu verhüten und Wohlfahrt zu fördern, wie in Deutschland. Und ob wohl in einem Lande, geheim und öffentlich, soviel genörgelt wird wie in Deutschland? Besonders dankbar bin ich für die Reise ins heilige Land. Als wir in der Eisenbahn von Damaskus nach Beirut fuhren, sagte eine Edelfrau, jetzt könne sie ihren Kindern die biblische Geschichte besser erzählen. Nach meiner Rückkehr von Palästina predigte ich über Jesaia 44: Ich will Wasser gießen auf das Durstige und Ströme auf das Dürre. Diese Gleichnis-

Silberhochzeitsfoto mit der zweiten Frau Elisabeth aus dem Jahr 1924

rede versteht man, wenn man die Wüste Juda gesehen hat. Die Belohnung, welche der Heiland, Matth. 10, 42, dem verheißt, welcher seiner Jünger einen mit einem Becher kalten Wasser tränkt, wird einem deutlich, wenn man die Wasserverkäufer auf den Straßen Jerusalems gesehen hat.

Mein Verkehr mit Juden

Wenn ich sage, daß mein Großvater schon bei einem in Lübbecke gekauft hat, und ich lange Zeit auch Kunde dieses Juden gewesen bin, so wird heute wohl mancher den Kopf schütteln. Als mein Vater gestorben war, kam dieser Jude in unser Haus und weinte. Einmal sagte er zu mir, es ginge mir wie den Kindern Israel, von denen es heißt: ihre Kleider zerrissen nicht. Wir redeten über den Messias. Da war ich erstaunt, als er sagte: „Heute glaubt kein gebildeter Jude mehr an einen persönlichen Messias. Wenn jetzt viele konservative Abgeordnete gewählt werden", sagte er (es war gerade vor der Wahl), „dann kommt der Messias." Er meinte, dann gäbe es eine ruhige Geschäftslage und man könne verdienen. Der Gott Israels ist der Mammon. Ich sprach mit ihm über Jesaia 53, besonders den 8. Vers: Da er um die Missetat meines Volkes geplagt war. Delitzsch sagte, diese Stelle könne nur von einer Einzelperson verstanden werden. Das sagte ich ihm. Ihm war aber wichtiger, was Philippsohn sagt, dessen Erklärung des Alten Testaments er sich für viel Geld angeschafft hatte. Der übersetzt: Mein Volk wurde um die Missetat geplagt, also es mußte seine Sünde büßen. Die Decke Mosis hängt vor ihren Augen, wie Paulus sagt.

Auf dem Löhner Bahnhof traf ich eine Menge Juden aus Rußland, von wo sie infolge einer Judenverfolgung nach Amerika auswanderten. Ich fragte einen „Kommt der Messias?" „Ja, er kommt." „Woran wird man ihn erkennen, wenn er kommt?" fragte ich weiter. „Baschofer hagadol", hieß die Antwort, „an der großen Posaune." „Da habt Ihr recht", sagte ich. „Aber wenn er mit der großen Posaune kommt, dann kommt er zum zweiten Male." „Wie wär's", fragte ich, „wenn er kommt und Sie hätten sich geirrt, und er käme zum zweiten Male?" „Nun, wie wär's", erwiderten sie „wenn er zum ersten Male kommt, und Sie hätten sich geirrt?"

Mit einem polnischen Juden fuhr ich auf dem Wege nach Berlin zusammen in der 4. Klasse. Er hatte ein blödes Kind von Bialystock nach Köln gebracht. Auf meine Frage, ob es bei ihnen keine koschere Anstalt für solche Kranke gäbe, antwortete er, die gäbe es allerdings. Warum er das Kind denn nach Köln gebracht habe: „In Köln ist es billiger." Sein Kaftan war so schmutzig, daß ich die Berührung mit ihm vermied. Dabei sah er mit Verachtung auf uns alle herab. Er rühmte sich, alle Hauptstädte Europas gesehen zu haben. Ich fragte ihn, ob er die Sprachen verstände. Seine Antwort hieß: „Ä Jud' kann ä bissel törkisch, ä bissel italienisch, ä bissel französisch, ä bissel englisch und deitsch. Ä Daitscher kann daitsch." Auch was den Reichtum anbetrifft, meinte er, wären sie in Polen uns weit voraus. Wer in Deutschland 80 000 Mark habe, wäre ein reicher Mann. Wer bei ihnen 80 000 Mark habe, finge an, reich zu werden. Um ihn auf die Probe zu stellen, fragte ich ihn, ob vor Gott alle Menschen gleich wären? „Nein", war die

Antwort, „aber er hat sie alle geschaffen. Das allerdings, aber", fragte er, „meinen Sie, daß ein Mensch, der Furcht vor Gott hat, einem Menschen gleich ist, der keine Furcht vor Gott hat?" Dabei setzte er voraus, daß sie Furcht vor Gott hätten und wir nicht. Diese Art Juden nennen uns Gojim, Heiden. Mit seiner Gottesfurcht konnte er es gut vereinigen, daß er mit Schmuggel über die Grenze kam, denn einen Paß hatte er nicht. Der Paß kostete 6 Rubel und der Schmuggel 4 Rubel.

Damals hatte der russische Kaiser dem Minister Ignatieff unbeschränkte Vollmacht gegeben, damit er das Leben des Kaisers schütze. Der Minister, den die Türken, als er dort Botschafter war, den „erstgeborenen Sohn Satans" nannten, weil er so geschickt lügen konnte, forderte von den reichen Juden in Petersburg und Moskau zwei Millionen Rubel, wenn er sie in Ruhe lassen solle. So erzählte mein Reisegefährte. Gäben sie das Geld nicht, dann käme eine Judenverfolgung. Die Juden weigerten sich, und die Verfolgung kam. Dahin gehörte, daß den Juden auf den Dörfern die Schänken verboten wurden, die ausschließlich in ihren Händen waren. Ich fragte den Juden, ob sie Schänken hätten. „Ja, wir haben Schänken." „Aber sie sind doch verboten?" „Wissen Sie", fragte er, „was is ä Rubel?" „Ja." „Ä Nadel hat'n Loch, ä Jud kriecht durch." Jetzt gäben sie der Polizei 400 Rubel und hätten Schänken ohne Firmenschild. Dabei sparten sie 200 Rubel. Denn das Firmenschild hätte sonst 600 Rubel gekostet. Er fragte mich, ob ich wisse, warum Moses die Juden mit Schafen verglichen hätte. Er sagte: „Ein Schaf kann man scheren, die Wolle wächst wieder." Er meinte, sie wären nicht totzukriegen.

Auf einer Schiffsreise von Swinemünde nach Stettin traf ich Juden, die von Rußland kamen. Weil Sonnabend war, saß einer allein in der Kabine und las im 4. Buch Mose, hebräisch. Ich schlug die Stelle im 24. Kapitel auf, wo von dem „Stern aus Jakob" die Rede ist, und fragte den Leser, wer der Kokaw miJakob, der Stern aus Jakob sei. Er sah in der Anmerkung des Onkelos nach und antwortete: „David." Auf meine Frage, warum sie nicht opferten, da doch Moses das Opfern geboten habe, antwortete einer: „Moses ist gewesen ein kluger Mann; er hat gesehen, daß die Heiden Menschen schächteten (schlachteten) und opferten. Da hat er gedacht: Besser die Juden schächten Vieh, als sie schächten Menschen. Darum hat er geboten, sie sollten Vieh schächten. Weil jetzt Menschen nicht mehr geschächtet werden, brauchen wir auch kein Vieh mehr zu schächten."

Auf meine Frage, was er von Jesus halte, sagte er: „Jesus ist gewesen ein guter Mann und hat gebracht viele Menschen zur Furcht vor Gott. Aber mit Gott geredet hat er nicht. Moses hat mit Gott geredet." Ich entgegnete: „Er hat aber geschworen, daß er Gottes Sohn sei. Wenn er es nicht war, dann war er auch kein guter Mann, nicht wahr?" Da wurde der Jude ganz erregt und meinte: „Wie können Sie zu mir sagen: ‚Nicht wahr?' Sie sind erzogen auf christlich, ich bin erzogen auf hebräisch. Wären Sie erzogen wie ich, würden Sie sagen wie ich."

In dem Nachtschnellzug von Stockholm nach der Westküste fuhr ein Jude mit mir zusammen. Er ruhte nicht, bis er heraus hatte, wer ich war. Wir kamen bald aufs religiöse Gebiet. Er könne nicht begreifen, sagte er, daß ein Mensch glaube,

Jesus wäre Gottes Sohn. Was dem Hohen Rate die Entscheidung gegen Jesus gab, das ist heute noch der Stein des Anstoßes bei den Juden. Das Gebot Jesu könne man nicht erfüllen, meinte er, denn den Feind lieben, wäre unmöglich. Einem Juden mag es wohl unmöglich scheinen, den Konkurrenten zu lieben, der ihm die Kunden abwendig macht. Item: mit Streiten über religiöse Fragen erreicht man bei den Juden nichts. Darum heißt es auch von dem Heilande: Er ließ sie und ging davon, Matth. 16, 4.

Wirkliches Heilsverlangen habe ich nicht bei Juden gefunden. Das fehlt ihnen, weil sie keine Erkenntnis ihrer Sünde haben. Ich habe keine Sünde, sagte ein Jude in der Unterredung, als ich das Wort Sünde gebraucht hatte. Wann wird die Zeit kommen, von der Sacharja in seinem zwölften Kapitel geweissagt hat, wo Israel den ansieht, welchen sie zerstochen haben, und um ihn weint, weil es ihn nicht erkannt hat?

Im Ruhestande

Ich hatte meine Gemeinde zu lieb, um die Arbeit an ihr mit sinkender Kraft zu tun. Es ist nicht gut, wenn einer über die Zeit im Amte bleibt. Der Professor Tholuck und sein Freund, Professor Witte, hatten sich einander das Versprechen gegeben, daß der eine es dem andern sagen sollte, wenn er eine Abnahme der Kräfte bei ihm bemerke. Tholuck meinte, dieser Zeitpunkt wäre bei seinem Freunde gekommen, und sagte es ihm. Da kündigte dieser ihm die Freundschaft und blieb im Amte. Weil Tholuck nun keinen Freund mehr hatte, der es ihm sagte,

Heinrich Friedrich Wilhelm Husemann

Wahlzettel zur Reichstagswahl im September 1930

blieb er auch über die Zeit. Dreimal ging er in die Vorlesung, ohne einen Zuhörer zu finden. Da sagte seine Frau zu ihm: „Nicht wahr, jetzt versuchst du es nicht noch mal?" „Nein", sagte er, „Gott will's nicht mehr haben." Der alte Volkening trat in den Ruhestand, ehe seine Kraft abgenommen hatte. „Denn", sagte er, „jetzt habe ich noch die Kraft, nein zu sagen; später habe ich sie nicht mehr."

Ich war 73 Jahre alt, als ich mein Amt niederlegte. Die kirchliche Gemeindevertretung und die Lehrerschaft veranstalteten eine Abschiedsfeier, bei der mir ein Album mit Photographien aus der Gemeinde überreicht wurde, die einer der Lehrer aufgenommen hatte. Ein besseres Andenken hätte ich mir nicht wünschen können.

Den Vorstand des Wittekindshofes hatte ich gebeten, mir in der Anstalt Arbeit zu geben, weil ich die völlige Arbeitslosigkeit fürchtete. Der Bitte wurde stattgegeben, und am ersten Pfingsttag 1929 hielt ich in der Anstaltskirche meine erste Predigt. Hier fand ich eine Arbeit, die meiner Kraft angemessen war. Außer der Sonntagspredigt, die ich in der Kirche oder in Uhlenburg zu halten hatte, gab ich den Brüdern und Schwestern je eine Stunde, hielt mittwochs mit den Mädchen eine Christenlehre und sonntags mit allen Pfleglingen. Außerdem besuchte ich die Mädchenhäuser und das Krankenhaus. Daneben habe ich in den Gemeinden der Umgegend gepredigt. Fast ein Vierteljahr bin ich auf Veranlassung des General-Superintendenten D. Zöllner Stellvertreter des erkrankten Pfarrers in Gehlenbeck gewesen. In der Heimatgemeinde Jugend-Erinnerungen aufzufrischen, war sehr interessant. Der Wochendienst im Wittekindshofe wurde daneben auch noch getan.

Als ich im Wittekindshofe eintrat, hatte er 1 150 Pfleglinge, welche Zahl in einigen Jahren auf 1 250 stieg. Dann nahm sie im Laufe eines Jahres wieder um 100 ab, weil der Landeshauptmann sparen mußte. Für manche Kinder war es schade, daß sie die Hut der Anstalt entbehren mußten. Aber Not kennt kein Gebot. Unter den Pfleglingen sind alle Stufen des Schwachsinns vertreten. Es sind solche da, welche nichts anderes tun als essen, trinken und schlafen. Viele müssen gefüttert und gereinigt werden wie ein Kind. Es sind andere da, die man von Vollsinnigen kaum unterscheiden kann. Als ich die erste Christenlehre hielt, war ich besorgt, wie es gehen würde. Um so mehr überraschten mich die guten Antworten mancher Mädchen. Sie stehen dem Worte Gottes gegenüber mit der Einfalt des Kindes. Es wird wohl wenig Häuser geben, in denen soviel gesungen wird, wie in den Häusern der Anstalt. Es wird wohl nicht viel Orte geben, wo Gott so viel gelobt wird wie hier. Was der Heiland von dem Lobe der Unmündigen sagt, das gilt auch von den Pfleglingen der Anstalt. Zwei, drei und vier sind aus einer Familie. Auch einige Kinder sind darunter, Ein Knabe ist da, dessen Hände verkrüppelt sind, der aber ißt und arbeitet mit den Zehen. Er flechtet Matten und handhabt den Hammer sehr geschickt. Blinde machen Bürsten und Besen. Mädchen arbeiten mit der Nähmaschine, andere nähen mit der Hand. Die Stickstube arbeitet nur auf Bestellung und ist immer voll beschäftigt. Viele Handwerke werden in der Anstalt getrieben. In etlichen bringen es die Pfleglinge bis zur Gesellenprüfung. 13 Lehrpersonen geben den Unterricht. Alle zwei Jahre ist Konfirmation. An dem heiligen Abendmahl nehmen Hunderte von Pfleglingen teil. Ein Friedhof ist schon voll und der andere hat nicht mehr viel Raum. Die

Gräber von zwei Leitern der Anstalt liegen hier: das des Pastor Krekeler, des Gründers der Anstalt, und das seines Nachfolgers, des Pastor Stieghorst. Die Arbeit in der Anstalt ist eine dankbare, weil der schädliche Einfluß der Welt draußen ausgeschaltet ist. Ich habe die Arbeit gern getan.

9. Die Wendung

Gegen das Ende meiner Zeit in Wittekindshof habe ich etwas erlebt, worauf ich seit vielen Jahren gewartet und worum ich oft gebetet habe: Die Wendung in unserem öffentlichen Leben. Ich habe es in Leipzig erlebt, daß Bebel als erster sozialdemokratischer Abgeordneter in den Reichstag einzog; habe auch gehört, was er in Leipzig zu seinen Wählern sagte. Er brachte es dahin, daß der Reichstag 150 Abgeordnete seiner Partei zählte, welche die stärkste im Reichstag war. Äußerlich angesehen hatte Bebel mehr Erfolg als der Heiland. Als der in den Tod ging, verließen ihn alle seine Jünger und ließen ihn allein. Als Bebel starb, folgten Millionen seinen Fahnen. Bebel hat sehr viel dazu beigetragen, daß unser Volk gottlos und immer gottloser wurde. Viele waren gottlos, nicht, weil sie es sein wollten, sondern, weil sie unter einem Zwange standen. Lateinisch heißt dieser Zwang Terror. Wer auf der Fabrik oder auf dem Bauplatze oder sonstwo sein Christentum bekannte, hatte unter dem Terror zu leiden, so daß er entweder mit den Wölfen heulen oder seine Arbeitsstelle verlassen mußte. Mancher Arbeiter ist da ein Märtyrer seiner Überzeugung geworden. Die christlichen Gewerkschaften gingen zwar dagegen an, aber gegen den Terror konnten sie nicht aufkommen.

Schlimmer als die Sozialdemokraten trieben es die Kommunisten. Sie nahmen keinen in ihre Partei auf, der nicht aus der Kirche ausgetreten war. Ihnen waren alle Mittel recht, auch Dolch und der Revolver.

Die Kirche hat zwar gegen die Gottlosigkeit ihre Stimme erhoben, aber ihre Stimme wurde übertönt von anderen.

Gott erweckte den Hofprediger Stöcker. Er hat die Kraft seines Lebens daran gesetzt, den Bann der Sozialdemokratie zu brechen. Er war ein selten tüchtiger Zeuge auf der Kanzel und ein Volksredner wie keiner. Es gehörte nicht geringer Mut dazu, einem Most entgegenzutreten. Die Kanzel im Dom mußte er verlassen und warten, bis seine Freunde ihm in der Stadtmissionskirche eine neue gaben. Einen Nachfolger im Dom hat er gefunden, auf politischem Gebiete keinen. Ein dauernder Erfolg war ihm nicht beschieden. Was er auf dem Gebiete der Kirche angefangen hat, steht noch heute in Blüte.

Die Sozialdemokratie und der Kommunismus wuchsen sich immer mehr zu einer Gefahr für unser Volk aus. Oft habe ich gedacht: Ob unser Volk wohl noch einmal aufwacht und nüchtern wird? Und ich habe Gott gebeten, daß er unserem Volke Raum zur Buße gäbe. Daß ich die Erhörung noch erleben würde, war kaum zu hoffen.

Da gab uns Gott den Mann, auf den viele gewartet hatten. Ihm gelang, was vor ihm keinem gelungen war: Unser Volk zu einigen, und zwar ohne Anwendung von Gewalt, allein durch die Macht seiner Rede und die Wahrheit seiner Gedanken.

Ein besonders schönes westfälisches Fachwerk-Bauernhaus: Hof Obermeier Nr. 2 in Holzhausen (Kreis Lübbecke)

Als Hitler von Hindenburg zur Bildung der Regierung berufen wurde, ging durch Millionen unseres Volkes ein Aufjauchzen. Hindenburg war der Retter des Vaterlandes im Kriege und während des Umsturzes gewesen. Hitler wurde der Retter des Vaterlandes im Frieden. Es gab eine Wendung. In Westfalen ist eine Industriegemeinde, in der die Gottlosigkeit die Oberhand hatte. Die Kinder auf den Straßen riefen den Namen derer aus, die erschossen werden sollten. Das war es, worauf die Kommunisten warteten. Nach dem Eintritt der Wendung dauerte es nicht lange, da wurden in einem Gottesdienste 40 Menschen wieder in die Kirche aufgenommen, die ausgetreten waren. Großmütter waren dabei, die jetzt erst getraut wurden. Jetzt konnten sie doch wieder beten, ohne deshalb verspottet zu werden, jetzt konnten sie doch wieder in die Kirche gehen, ohne deshalb leiden zu müssen. Die beiden Parteien, deren Terror wie ein Bann auf unserem Volke lag, wurden verboten. Was Johann Walther, der Freund und Mitarbeiter Luthers, vor 400 Jahren gesungen hatte: „Wach' auf, wach' auf, du deutsches Volk, du hast genug geschlafen", das war jetzt geschehen. Eine Wendung war gekommen durch Gottes Fügung.

Aber wie es bei den Soldaten eine halbe und eine ganze Wendung gibt, so ist es auch in dieser Sache. Der Mann, der diese Wendung herbeigeführt hat, ist derselben Meinung. Wiederholt hat er gesagt, ohne eine gründliche Erneuerung unseres Volkes würde sein Werk nur halb sein. Diese Erneuerung kann nur von innen heraus geschehen. Ein neues Kleid kann einer anziehen, damit ist er noch kein anderer Mensch geworden. Paulus sagt: Ziehet den neuen Menschen an. Hitler hat manche Rede mit einem Gebetswunsche geschlossen. Gott gebe, daß viele seiner Mitarbeiter von ihm lernen, daß an Gottes Segen nicht etwas und nicht viel, sondern alles gelegen ist!

Verbieten kann man die Sozialdemokratrie und den Kommunismus, aber überwunden sind sie damit nicht. Von dem Heilande aber sagt Luther nicht bloß, daß er uns erlöset, sondern auch, daß er uns gewonnen hat. Gewonnen habe ich einen Menschen erst dann, wenn sein Herz auf meiner Seite ist. Die Kirche arbeitet daran, ihre Feinde zu gewinnen. Bei vielen ist es ihr schon gelungen. Es ist das Meisterstück des Heilandes, aus Feinden Freunde, aus seinen Bestreitern Mitarbeiter zu machen. Wenn Gott der Kirche Arbeiter gibt, die diesen Namen verdienen, dann ist Aussicht vorhanden, daß die Wendung in unserem Volke eine ganze wird.

Nach vier Jahren im Wittekindshof bin ich nach Holzhausen am Limberge gezogen, nahe bei Blasheim, wo ich 45 Jahre gewesen bin. Jetzt geht es mir wie Isaschar, von dem Jakob in seinem Segen sagte: Er sah die Ruhe, daß sie gut ist.

1945 erlebte Pastor Husemann zum zweiten Mal den totalen Zusammenbruch Deutschlands nach einem verlorenen Krieg

MILITÄRREGIERUNG

Anmeldung und Ablieferung von Schußwaffen, Kriegsmaterial und Vorräten

1. Jedermann, der im persönlichen Besitz von einem der nachstehend aufgeführten Gegenstände:—
   (1) Schusswaffen (einschliesslich Sportgewehren) oder anderen tödlichen Waffen jeglicher Art
   (2) Munition jeglicher Art
   (3) Sprengstoffen oder Sprengstoffmaterial
   (4) Kriegsvorräten
   (5) Radiosendegeräten oder Teilen davon
   (6) Signalausrüstung jeglicher Art oder Bestandteilen davon
   (7) Brieftauben
   ist, hat dieselben sofort auf dem nächsten Polizeibüro, das unter der Kontrolle der Militärregierung steht, abzuliefern.
2. Jedermann, der Kenntnis von dem Aufenthalt der unter Paragraph 1 oben aufgeführten Gegenstände oder von Kriegsmaterial irgendwelcher Art, einschliesslich Fahrzeuge, sowie Benzin, Oel oder Schmierstoffe, jegliche Nahrung, Kleidung oder andere Vorräte hat, die für den Gebrauch der deutschen Streitkräfte oder Organisationen der Nazipartei benützt werden oder bestimmt sind, hat diesen Aufenthaltsort der deutschen Zivilpolizei auf dem nächsten Polizeibüro, das unter Kontrolle der Militärregierung steht, sofort anzuzeigen.
3. Wer gegen diese Bekanntmachung zuwiderhandelt, ist zu verhaften und militärgerichtlich zu verfolgen.

Im Auftrage der Militärregierung.

Nachwort von M. Grabs

Die politische Beurteilung Hitlers, so wie es Pfarrer Husemann damals sah, hat sich bald als falsch erwiesen. Man hätte dieses Kapitel heute streichen können. Ich bin aber der Meinung, daß es der Ehrlichkeit halber als Dokument der Zeitgeschichte zu den Lebenserinnerungen der damaligen Zeit dazugehört.

Als Anekdote ist mir zu diesem Kapitel von Husemann folgendes erzählt worden. Er soll damals bald erkannt haben, daß die neue politische Richtung nicht in die erhofften Bahnen ging. Als man ihn auf der Straße mit „Heil Hitler!" grüßte, soll er geantwortet haben: „Guten Tag! Mein Name ist Husemann." Ob das nun so war, weiß ich nicht genau. Aber es paßt zu ihm. So stelle ich ihn mir vor.

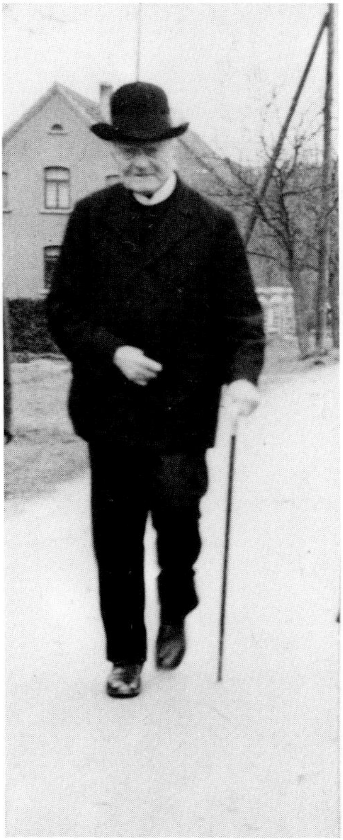